Dr. Jaerock Lee

Bóg Uzdrowiciel

I powiedział [Pan]:
Jeśli wiernie będziesz słuchał głosu Pana, twego Boga,
i będziesz wykonywał to, co jest słuszne w Jego oczach;
jeśli będziesz dawał posłuch Jego przykazaniom i strzegł wszystkich Jego praw,
to nie ukarzę cię żadną z tych plag, jakie zesłałem na Egipt.
(Ks. Wyjścia 15,26)

Bóg Uzdrowiciel Autor Dr Jaerock Lee
Opublikowano przez Urim Books (Reprezentant: Kyungtae Noh)
73, Yeouidaebang-ro 22-gil, Dongjak-gu, Seoul, Korea
www.urimbooks.com

Wszelkie prawa zastrzeżone. Żadna część niniejszej publikacji nie może być reprodukowana, przechowywana jako źródło danych i przekazywana w jakiejkolwiek formie zapisu bez pisemnej zgody wydawcy.

O ile nie zaznaczono inaczej, wszelkie cytaty pochodzą z Biblii Tysiąclecia ® 1960, 1962, 1963, 1968, 1971, 1972, 1973, 1975, 1977, 1995. Wykorzystane za zgodą.

Copyright © 2017 Dr Jaerock Lee
ISBN: 979-11-263-0321-2
Tłumaczenie na język angielski © 2012 Dr Esther K. Chung. Użyte za zgodą tłumacza.

Wcześniej opublikowane w języku koreańskim przez Urim Books w 2005

Pierwsze wydanie czerwiec 2017

Edycja: Dr Geumsun Vin
Projekt: Editorial Bureau of Urim Books
Wydrukowano przez Prione Printing
Kontakt: urimbook@hotmail.com

Informacje dotyczące publikacji

Ponieważ materializm i dobrobyt liczą się na świecie coraz bardziej, okazuje się, że ludzie mają więcej czasu i dodatkowych środków do wydania. Co więcej, aby osiągnąć zdrowszy i wygodniejszy poziom życia, ludzie inwestują czas i pieniądze oraz zwracają uwagę na wiele użytecznych informacji.

Jednakże, ponieważ to Bóg kieruje życiem, starzeniem się, chorobami oraz śmiercią ludzi, nie ma możliwości kontrolowania ich dzięki pieniądzom czy wiedzy. Ponadto, niezaprzeczalnym faktem jest to, że pomimo wysoce rozwiniętej nauce medycznej, rozwijającej się dzięki wiedzy człowieka gromadzonej przez wieki, liczba pacjentów cierpiących z powodu nieuleczalnych i śmiertelnych chorób stale rośnie.

W okresie historii świata, była niezliczona liczba osób, którzy posiedli różny rodzaj wiary oraz wiedzę – łącznie z Buddą i Konfucjuszem – jednak żadna z nich nie potrafiła zrobić nic, aby uniknąć starzenia się, chorób czy śmierci. Niniejsza kwestia jest związana z grzechem oraz zbawieniem ludzkości – na żadne z nich człowiek nie ma wpływu.

W dzisiejszych czasach jest wiele szpitali i aptek, które są łatwo dostępne i gotowe, aby uzdrowić nasze społeczeństwo. Niemniej jednak, nasze ciała oraz cały świat roją się od chorób, poczynając od zwykłej grypy do nieokreślonych i niezdiagnozowanych dotąd dolegliwości, na które nie ma lekarstwa. Ludzie często obwiniają klimat i środowisko lub postrzegają choroby jako naturalny fenomen fizjologiczny, i polegają na lekach oraz technologii medycznej.

Aby otrzymać pełne uzdrowienie oraz prowadzić zdrowy styl życie, każdy z nas musi zrozumieć, skąd pochodzą choroby oraz w jaki sposób możemy uzyskać uzdrowienia. Ewangelia oraz prawda mają zawsze dwie strony medalu: przekleństwo oraz kara zarezerwowane są dla ludzi, którzy nie przyjęli ewangelii oraz prawdy, natomiast dla osób, które przyjęły ewangelię i prawdę oczekują błogosławieństwa oraz życie. Fakt, iż prawda pozostaje w ukryciu przed niektórymi ludźmi, którzy uważają się za mądrych i inteligentnych, jak faryzeusze oraz uczeni w piśmie, jest wolą Bożą; wolą Bożą jest również to, że prawda stoi otworem przed ludźmi, którzy są niczym dzieci, pragną jej oraz otwierają swoje serca (Łuk. 10,21).

Bóg obiecał błogosławieństwa tym, którzy są posłuszni oraz żyją zgodnie z Jego przykazaniami, podczas gdy dokładnie określił przekleństwa oraz wszelkie rodzaje chorób, których doświadczą ci, którzy nie są posłuszni Jego przykazaniom (Ks. Powt. Prawa 28,1-68).

Poprzez przypominanie Słowa Bożego ludziom niewierzącym oraz wierzącym, którzy zapominają Jego słowa, niniejsza praca ma na celu poprowadzić ludzi właściwą drogą ku wolności od chorób.

Na tyle, na ile słyszysz, czytasz, rozumiesz oraz pożywiasz się Słowem Bożym oraz dzięki mocy zbawienia i uzdrowienia, każdy z nas może zostać uzdrowiony z choroby poważnej lub lekkiej oraz zyskać zdrowie dla siebie i rodziny w imieniu Pana Jezusa.

Jaerock Lee

Spis treści
Bóg Uzdrowiciel

Informacje dotyczące publikacji

Rozdział 1
Pochodzenie chorób oraz promień uzdrowienia   1

Rozdział 2
Czy chcesz poczuć się lepiej?   13

Rozdział 3
Bóg uzdrowiciel   31

Rozdział 4
Dzięki Jego ranom jesteśmy uleczeni   45

Rozdział 5
Moc do uzdrawiania dolegliwości   59

Rozdział 6
Sposoby na uzdrowienie opętanych przez demony   71

Rozdział 7
Wiara trędowatego Naamana i Jego posłuszeństwo   87

Rozdział 1

Pochodzenie chorób oraz promień uzdrowienia

„A dla was, czczących moje imię,
wzejdzie słońce sprawiedliwości
i uzdrowienie w jego skrzydłach.
Wyjdziecie [swobodnie] i będziecie podskakiwać
jak tuczone cielęta."

Mal. 3,20

1. Zasadniczy powód chorób

Ponieważ ludzie pragną prowadzić szczęśliwe i zdrowe życie na ziemi, spożywają wszelkie rodzaje pokarmów, które uważane są za zdrowe oraz zwracają uwagę i poszukują tajemniczych metod, by zyskać zdrowie. Pomimo postępu cywilizacji oraz medycyny, rzeczywistość jest taka, że nie da się zapobiec cierpieniu z powodu nieuleczalnych chorób.

Czy nie ma takiej możliwości, aby człowiek był wolny od chorób, żyjąc na tej ziemi?

Większość ludzi wini klimat oraz środowisko lub też uważa choroby za naturalny fenomen fizjologiczny, polegając na lekach i medycynie. Jednak nikt nie może być pewny, że będzie wolny od chorób, nawet jeśli określi wszelkie źródła chorób.

Biblia ukazuje nam fundamentalne sposoby, dzięki którym człowiek może uniknąć chorób oraz, jeśli zachoruje, dostąpić uzdrowienia:

> *I powiedział [Pan]: Jeśli wiernie będziesz słuchał głosu Pana, twego Boga, i będziesz wykonywał to, co jest słuszne w Jego oczach; jeśli będziesz dawał posłuch Jego przykazaniom i strzegł wszystkich Jego praw, to nie ukarzę cię żadną z tych plag, jakie zesłałem na Egipt* (Ks. Wyjścia 15,26).

To jest Słowo Boga, który ma pieczę nad ludzkim życiem, śmiercią, przekleństwem i błogosławieństwem dla danego człowieka. Czy jest choroba i dlaczego człowiek choruje? W znaczeniu medycznym „choroba" to wszelkie dolegliwości różnych części ciała – niezwykły lub nieregularny stan zdrowia – który rozwija się oraz rozprzestrzenia głównie przez bakterie. Innymi słowy, choroba jest nietypowym stanem naszego ciała spowodowanym przez zatrucie lub bakterie.

W Ks. Wyjścia 9,8-9 znajdujemy opis procesu, w którym plaga pyłu i sadzy dotknęła Egiptu:

„*Rzekł Pan do Mojżesza i Aarona: Weźcie pełnymi garściami sadzy z pieca i Mojżesz niech rzuci ją ku niebu na oczach faraona, a pył będzie się unosił nad całym krajem egipskim i sprawi u człowieka i u bydła w całej ziemi egipskiej wrzody i pryszcze.*"

W Księdze Wyjścia 11,4-7 czytamy o tym, jak Bóg wyróżniał lud izraelski od Egipcjan. Na Izraelitów, którzy wielbili Boga, nie spadły żadne plagi, podczas gdy Egipcjanie, którzy nie uwielbiali Boga ani nie żyli zgodnie z Jego wolą, doświadczyli wielu plag, łącznie ze śmiercią pierworodnych.

W całej Biblii, czytamy o tym, że nawet choroby są pod kontrolą Boga, że On chroni swoje dzieci przed nimi, oraz że choroby będą dotykać tych, którzy grzeszą, ponieważ On odwróci od nich swoją twarz.

Dlaczego w takim razie istnieją choroby i powodują cierpienie ludzi? Czy oznacza to, że Bóg Stworzyciel stworzył choroby w chwili stworzenia, aby ludzie żyli w strachu przed chorobami? Bóg Stworzyciel stworzył człowieka i kontroluje wszystko we wszechświecie w swojej dobroci, sprawiedliwości oraz miłości. Po tym, jak Bóg stworzył dla człowieka najodpowiedniejsze środowisko (Ks. Rodz. 1,3-25), stworzył człowieka na swoje podobieństwo, pobłogosławił go oraz pozwolił mu korzystać z wolności i władzy.

Z upływającym czasem ludzie cieszyli się Bożymi błogosławieństwami i byli posłuszni Jego przykazaniom, żyjąc w Ogrodzie Eden, w którym nie było łez, smutku, cierpienia i chorób. Ponieważ Bóg widział, że wszystko to, co stworzył było dobre (Ks. Rodz. 1,31), dał człowiekowi przykazanie: *„A przy tym Pan Bóg dał człowiekowi taki rozkaz: Z wszelkiego drzewa tego ogrodu możesz spożywać według upodobania; ale z drzewa poznania dobra i zła nie wolno ci jeść, bo gdy z niego spożyjesz, niechybnie umrzesz"* (Ks. Rodz. 2,16-17).

Jednak, kiedy sprytny wąż zauważył, że ludzie w swoim umyśle nie zachowują Bożego przykazania, lecz zaniedbują je, skusił Ewę, żonę pierwszego stworzonego człowieka. Od kiedy Adam i Ewa zjedli owoc z drzewa poznania dobra i zła (Ks. Rodz, 3,1-6), i zgrzeszyli, pomimo ostrzeżenia Bożego, śmierć miała dostęp do ludzi (Rzym. 6,23).

Po popełnieniu grzechu nieposłuszeństwa, człowiek zrozumiał, co to grzech i stawił czoła śmierci. Wtedy jego duch zmarł i wspólnota z Bogiem przestała istnieć. Ludzie zostali wygnani z Ogrodu Eden i rozpoczęli życie we łzach, smutku, cierpieniu, chorobach i śmierci. Ponieważ wszystko na ziemi zostało przeklęte, ziemia wydawała ciernie i chwasty, a człowiek w bólu i pocie zdobywał pożywienie (Ks. Rodz. 3,16-24).

Dlatego, zasadniczą przyczyną chorób był pierworodny grzech, spowodowany przez nieposłuszeństwo Adama. Gdyby Adam nie sprzeciwił się woli Bożej, nie zostałby wygnany z Ogrodu Eden, lecz prowadził zdrowe życie. Innymi słowy, przez jednego człowieka każdy człowiek stał się grzesznikiem i prowadzi życie pełne niebezpieczeństw i cierpienia z powodu wszelkiego rodzaju chorób. Bez rozwiązania problemu grzechu, zgodnie z prawem nikt nie zostanie uznany za sprawiedliwego w oczach Bożych (Rzym. 3,20).

2. Słońce sprawiedliwości z uzdrowieniem na swoich skrzydłach

W Księdze Malachiasza 3,20 czytamy: *„A dla was, czczących moje imię, wzejdzie słońce sprawiedliwości i uzdrowienie w jego skrzydłach. Wyjdziecie [swobodnie] i będziecie podskakiwać jak tuczone cielęta."* Słońce sprawiedliwości odnosi się do Mesjasza.

Na ścieżce człowieczeństwa do samozniszczenia oraz cierpienia, Bóg pożałował i ocalił nas od grzechy przez ofiarę Jezusa Chrystusa, jego ukrzyżowanie oraz przelaną krew. Dlatego, każdy kto przyjmie Jezusa otrzyma przebaczenie za grzechy oraz dostąpi zbawienia, zostanie uwolniony od chorób oraz będzie żył w zdrowiu. Poprzez przekleństwo wszelkich rzeczy człowiek musi żyć w niebezpieczeństwie chorób aż do ostatniego tchu, jednak dzięki miłości i łasce Bożej, ścieżka do wolności od chorób została otwarta.

Kiedy dzieci Boże są odporne na grzech aż do przelania krwi (Hebr. 12,4) i żyją zgodnie z Jego słowem, On będzie ich chronił i osłaniał ich tarczą Ducha Świętego, aby żadna trucizna nie miała dostępu do ich ciała. Nawet jeśli ktoś z nich zachoruje, jeśli będzie żałować za swój grzech i nawróci się, Bóg odsunie chorobę i uleczy ciało. To jest właśnie uzdrowienie poprzez „słońce sprawiedliwości."

Współczesna medycyna opracowała terapię ultrafioletem, która jest szeroko rozpowszechniona jako metoda, dzięki której można zapobiec oraz uleczyć wiele chorób. Promienie ultrafioletowe są bardzo skuteczne w dezynfekcji oraz powodują zmiany chemiczne w organizmie. Niniejsza terapia może zniszczyć ok. 99% bakterii pałeczki okrężnicy, błonicy oraz czerwonki. Jest również skuteczna w przypadku gruźlicy, krzywicy, niedokrwistości, reumatyzmu oraz chorób skóry. Leczenie, które jest tak pomocne oraz silne jak terapia ultrafioletem nie może być niestety stosowane w przypadku wszystkich chorób.

Jedynie „słońce sprawiedliwości z uzdrowieniem na swych skrzydłach" opisane w Piśmie Świętym jest promieniem mocy, która może uzdrowić wszelkie choroby. Promienia słońca sprawiedliwości mogą być zastosowane w przypadku wszelkich typów chorób, a ponieważ mogą być zastosowane dla wszystkich ludzi, sposób, w który Bóg uzdrawia jest prawdziwie prosty i pełny, po prostu najlepszy.

Niedługo po założeniu mojego kościoła, pacjent na łożu śmierci cierpiący z powodu wykańczającego bólu wywołanego paraliżem oraz nowotworem został przyniesiony do mnie na noszach. Nie mógł mówić, ponieważ jego język był sztywny i nie mógł się poruszyć, ponieważ jego całe ciało było sparaliżowane. Ponieważ lekarze poddali się, żona pacjenta, który wierzył w moc Bożą, zachęciła męża, aby oddał wszystko Bogu. Zdał sobie sprawę, że jedynym sposobem zachowania życia było oddanie się Bogu, dlatego mężczyzna wielbił Boga mimo, że leżał na noszach, a jego żona błagała w miłości i wierze. Widząc wiarę tych dwojga ludzi, modliłem się gorliwie za tego człowieka. Niedługo potem, mężczyzna, który wcześniej prześladował swoją żonę za to, że wierzyła w Chrystusa, skruszył się i oddał swoje serce Bogu, a ten zesłał mu promienie uzdrowienia, wypełniając jego ciało Duchem Świętym i oczyszczając je. Halleluja! Ponieważ zasadniczy powód choroby został usunięty, mężczyzna zaczął chodzić i biegać, całkowicie wracając do zdrowia. Nie trzeba nawet mówić, jak bardzo uwielbiali Boga członkowie kościoła Manmin i cieszyli się z powodu działania Bożego uzdrowienia.

3. Dla ciebie, który uwielbiasz moje imię

Nasz Bóg jest wszechmocnym Bogiem, który stworzył

wszystko we wszechświecie swoim słowem i stworzył człowieka z pyłu. Ponieważ ten Bóg jest naszym Ojcem, nawet jeśli chorujemy, jeśli w pełni będziemy polegać na Nim w swojej wierze, On dostrzeże naszą wiarę i uleczy nas. Nie ma nic złego w tym, jeśli zostaniemy wyleczeni w szpitalu, jednak Bóg cieszy się, kiedy Jego dzieci wierzą w Jego wszechmoc, szczerze wzywają Go, otrzymują uzdrowienie i uwielbiają Boga.

W 2 Księdze Królewskiej 20,1-11 czytamy historię Ezechiasza, króla judzkiego, który zachorował, kiedy Asyria najechała na jego królestwo, jednak otrzymał całkowite uzdrowienie po trzech dniach, ponieważ modlił się do Boga i jego życie zostało przedłużone o 15 lat.

Przez proroka Izajasza, Bóg powiedział Ezechiaszowi: *„Rozporządź domem swoim, bo umrzesz – nie będziesz żył"* (2 Król. 20,1; Iż. 38,1). Innymi słowy, Ezechiasz otrzymał wyrok śmierci, w którym dowiedział się, że powinien przygotować się na śmierć i poukładać wszystkie sprawy w królestwie i w rodzinie. A jednak Ezechiasz natychmiast odwrócił swoją twarz do ściany i modlił się do Pana (2 Król. 20,2). Król uświadomił sobie, że choroba była wynikiem jego słabej więzi z Bogiem, dlatego odłożył wszystko na dalszy plan i zaczął się modlić.

Ponieważ Ezechiel modlił się do Boga gorliwie, Bóg obiecał mu: *„Idź, by oznajmić Ezechiaszowi: Tak mówi Pan, Bóg Dawida, twego praojca: Słyszałem twoją modlitwę, widziałem twoje łzy. Uzdrowię cię. Za trzy dni pójdziesz do świątyni Pańskiej. Oto dodam do twego życia piętnaście lat. Wybawię* *ciebie i to miasto z ręki króla asyryjskiego i roztoczę opiekę nad tym miastem"* (Iz. 38,5-6). Możemy dojść do wniosku, że Ezechiel musiał modlić się szczerze i gorliwie, skoro Bóg powiedział mu następujące słowa: „Usłyszałem twoją modlitwę i zobaczyłem twoje łzy." Bóg, który odpowiedział na modlitwę Ezechiela w pełni uzdrowił go tak, że król po trzech dniach mógł udać się do świątyni. Co więcej, Bóg wydłużył lata życia króla o 15 lat, podczas których dbał o bezpieczeństwo Jerozolimy nie dopuszczając tam Asyrii.

Ponieważ Ezechiel był doskonale świadomy, że jego życie i śmierć zależały od Boga, modlitwa do Boga stała się dla niego najważniejsza. Bóg był zadowolony ze skruszonego serca oraz wiary Ezechiela, obiecał uzdrowienie króla, a kiedy Ezechiel prosił o znak swojego uzdrowienia, Bóg sprawił, że cień cofnął się (2 Król. 20,11). Nasz Bóg jest Bogiem uzdrawiania i bardzo troskliwym Ojcem, który wysłuchuje modlitw tych, którzy Go szukają.

Natomiast, w 2 Ks. Kronik 16,12-13 czytamy: *„W trzydziestym dziewiątym roku swego panowania rozchorował się Asa na nogi i cierpiał bardzo, jednakże nawet w swej chorobie szukał nie Pana, lecz lekarzy. Spoczął następnie Asa ze swymi przodkami, i zmarł w czterdziestym pierwszym roku swego panowania."* Kiedy został królem *„Asa czynił to, co jest słuszne w oczach Pana, tak jak jego przodek Dawid"* (1 Król. 15,11). Na początku był mądrym władcą, jednak stopniowo tracił wiarę i zaczął polegać na człowieku, dlatego nie otrzymywał Bożej pomocy. Kiedy Basza, król Izraela najechał na Judę, Asa polegał na Ben-Hadadzie, królu Aramu zamiast na Bogu. Dlatego jasnowidz Hanani przyszedł do Asy, jednak ten nie zawrócił z swoich dróg i uwięził jasnowidza oraz prześladował swoich własnych ludzi (2 Kron. 16,7-10). Zanim Asa zaczął polegać na królu Aramu, Bóg zaingerował w armii Aramu tak, aby nie mogli najechać na Judę. Od czasu, gdy Asa zaczął polegać na królu Aramu zamiast na Bogu, król Judy nie mógł otrzymywać już więcej wsparcia ze strony Boga. Co więcej, Bóg nie był zadowolony z Asy, który szukał pomocy u ludzi a nie u Boga. Dlatego Asa zmarł dwa lata po tym, jak zachorował. Pomimo, że Asa zapewniał o swojej wierze w Boga, ponieważ nie miał uczynków, przestał wołać do Boga, Bóg nie mógł już nic dla niego zrobić.

Promień uzdrowienia od Boga może uleczyć wszelkie rodzaj choroby tak, że paralityk może wstać i zacząć chodzić, ślepy odzyska wzrok, głuchy słuch, a umarły zostanie przywrócony do życia. Dlatego, ponieważ Bóg uzdrowiciel ma nieograniczoną moc, choroby nie mają nad nim kontroli. Poczynając od choroby tak błahej jak przeziębienie, aż po chorobę śmiertelną jaką jest nowotwór, Bóg Uzdrowiciel może uleczyć cię z każdej z nich. Ważniejszą kwestią jest to, z jakim sercem przychodzisz do swojego Boga: sercem Asy czy Ezechiela.

W imieniu Pana Jezusa modlę się, abyś przyjął Jezusa, otrzymał rozwiązanie problemu grzechu, został uznany za sprawiedliwego dzięki wierze, cieszył Boga swoim skromnym sercem i wiarą, której towarzyszą uczynki, tak jak w przypadku Ezechiela, otrzymał uzdrowienie z wszelkich chorób i zawsze prowadził zdrowe życie.

Rozdział 2

Czy chcesz poczuć się lepiej?

„Znajdował się tam pewien człowiek,
który już od lat trzydziestu ośmiu cierpiał
na swoją chorobę. Gdy Jezus ujrzał go leżącego i poznał,
że czeka już długi czas, rzekł do niego:
Czy chcesz stać się zdrowym?"

Jan 5,5-6

1. Czy chcesz poczuć się lepiej?

Jest wiele różnych przypadków ludzi, którzy wcześniej znali Boga, poszukiwali Go oraz przychodzili do Niego. Niektórzy przychodzili do Niego ze względu na swoje dobre sumienie, podczas gdy inni przychodzili na Jego spotkanie po tym, jak usłyszeli ewangelię. Inni przyszli do Boga po tym, jak doświadczyli sceptycyzmu w życiu poprzez porażki w karierze lub w rodzinie. Natomiast inni przychodzą do Niego z gorliwym sercem, ponieważ doznali cierpienia z powodu przeraźliwego bólu lub lęku przed śmiercią.

Tak, jak paralityk, który cierpiał z powodu bólu przez 38 lat leżąc nad sadzawką Betesda, aby w pełni oddać swoją chorobę w ręce Boże i otrzymać uzdrowienie, musimy przede wszystkim pragnąć uzdrowienia.

W Jerozolimie w pobliżu Owczej Bramy znajdowała się sadzawka zwana sadzawką Betesda. Była otoczona pięcioma kolumnadami, w których niewidomi, kulawi, sparaliżowani gromadzili się i leżeli, ponieważ legenda głosiła, że od czasu do czasu zstępował anioł Boga i poruszał wodą. Wierzono, że ten, kto pierwszy wszedł do sadzawki po poruszeniu wody przez anioła, którego imię oznaczało „Dom miłosierdzia" został uzdrowiony z wszelkich dolegliwości.

Kiedy Jezus zobaczył paralityka, który leżał nad sadzawką od 38 lat i dowiedział się o cierpieniu tego człowieka, zapytał go: *„Czy chcesz poczuć się lepiej?"* Mężczyzna odpowiedział: *„Panie, nie mam człowieka, aby mnie wprowadził do* *sadzawki, gdy nastąpi poruszenie wody. Gdy ja sam już dochodzę, inny wchodzi przede mną"* (Jan 5,7). Dzięki temu, mężczyzna wyznał Panu, że mimo iż szczerze pragnął uzdrowienia, nie był w stanie dostać się do sadzawki o własnych siłach. Nasz Pan widział serce mężczyzny i powiedział mu: *„Wstań, weź swoje łoże i chodź!"* Mężczyzna został natychmiast uzdrowiony, podniósł swoje łoże i chodził (Jan 5,8).

2. Musisz przyjąć Jezusa Chrystusa

Kiedy mężczyzna, który był inwalidą przez 38 lat spotkał Jezusa, natychmiast został uzdrowiony. Kiedy uwierzył w Jezusa, źródło prawdziwego życia, jego grzechy zostały przebaczone i został uleczony ze swojej choroby.

Czy ktoś z was odczuwa ból z powodu jakiejś choroby? Jeżeli cierpisz z powodu choroby oraz pragniesz przyjść do Boga i otrzymać uzdrowienie, musisz najpierw przyjąć Jezusa, stać się dzieckiem Boga i otrzymać przebaczenie, aby usunąć barierę, która dzieli cię od Boga. Musisz uwierzyć, że ponieważ Bóg jest potężny i wszechobecny, może dokonywać cudów. Musisz też uwierzyć, że zostaliśmy odkupieni z naszych dolegliwości przez rany Jezusa, oraz fakt, że kiedy poszukujesz Boga, w imieniu Jezusa otrzymasz uzdrowienie.

Kiedy prosimy o coś z wiarą, Bóg wysłucha naszych modlitw wiary i pokaże uzdrawiającą moc. Bez względu na to, jak długo cierpisz i jak krytyczny jest twój stan, bądź pewny, że oddajesz wszystkie swoje problemy Bogu, pamiętając, że możesz zostać w pełni odnowiony, kiedy uzdrowi cię Bóg mocy.

Kiedy paralityk opisany w Ewangelii Marka 2,3-12 pierwsze usłyszał o tym, że Jezus będzie w Kafarnaum, zapragnął Go zobaczyć. Ponieważ paralityk słyszał o tym, że Jezus uzdrawiał ludzi z różnych chorób, wypędzał demony i uzdrawiał kalekich, pomyślał, że jeśli uwierzy, może również otrzymać uzdrowienie.

Kiedy paralityk uświadomił sobie, że nie był w stanie zbliżyć się do Jezusa z powodu wielkiego tłumu, który się zgromadził, z pomocą przyjaciół przedostał się przez dach domu, w którym przebywał Jezus, a mata na której leżał została spuszczona w dół do Jezusa.

Czy potrafisz sobie wyobrazić, jak bardzo paralityk musiał pragnąć dostać się przed oblicze Jezusa, że zrobił coś takiego? Jak zareagował Jezus, kiedy paralityk, który nie był w stanie się przemieszczać z powodu tłumu, wykazał się swoją wiarą i poświęceniem dzięki pomocy przyjaciół? Jezus nie zbeształ paralityka za jego nieodpowiednie zachowania, lecz powiedział mu: „Synu, przebaczone są grzechy twoje" oraz kazał mu wstać i odejść.

W Księdze Przysłów 8,17 Bóg mówi nam: *„Tych kocham, którzy mnie kochają, znajdzie mnie ten, kto mnie szuka."* Jeśli chcesz być wolny od bólu i chorób, musisz szczerze pragnąć uzdrowienia, uwierzyć w moc Boga, który może rozwiązać problem choroby, i przyjąć Jezusa Chrystusa.

3. Musisz zniszczyć mury grzechu

Bez względu na to, jak mocno wierzysz, że możesz zostać uzdrowiony dzięki mocy Boga, On nie może działać, jeśli między tobą a Nim nadal stoi mur grzechu.

Dlatego w Księdze Izajasza 1,15-17 Bóg mówi nam: *„Gdy wyciągniecie ręce, odwrócę od was me oczy. Choćbyście nawet mnożyli modlitwy, Ja nie wysłucham. Ręce wasze pełne są krwi. Obmyjcie się, czyści bądźcie! Usuńcie zło uczynków waszych sprzed moich oczu! Przestańcie czynić zło! Zaprawiajcie się w dobrem! Troszczcie się o sprawiedliwość, wspomagajcie uciśnionego, oddajcie słuszność sierocie, w obronie wdowy stawajcie!"*, natomiast w kolejnym wersecie obiecuje: *„Chodźcie i spór ze Mną wiedźcie! – mówi Pan. Choćby wasze grzechy były jak szkarłat, jak śnieg wybieleją; choćby czerwone jak purpura, staną się jak wełna."*

Kolejne teksty z Księgi Izajasza 59,1-3 mówią:

„Nie! Ręka Pana nie jest tak krótka, żeby nie mogła ocalić, ani słuch Jego tak przytępiony, by nie mógł usłyszeć. Lecz wasze winy wykopały przepaść między wami a waszym Bogiem; wasze grzechy zasłoniły Mu oblicze przed wami tak, iż was nie słucha. Bo krwią splamione są wasze dłonie, a palce wasze – zbrodnią. Wasze wargi wypowiadają kłamstwa, a przewrotności szepce wasz język."

Ludzie, którzy nie znają Boga i nie przyjęli Jezusa, oraz prowadzili życie zgodnie z ich wolą nie są świadomi, że są grzesznikami. Kiedy ludzie przyjmują Chrystusa jako Zbawiciela i otrzymują Ducha Świętego jako dar, Duch Święty przekona świat o grzechu, sprawiedliwości i o sądzie, A ludzie dostrzegą swoją grzeszność i przyznają się do tego, że są grzesznikami (Jan 16,8-11).

Jednakże ponieważ są przypadki, w których ludzie nie wiedzą dokładnie, czym jest grzech, nie są w stanie go odrzucić, zło pozostaje w ich sercu i nie otrzymują odpowiedzi od Boga, muszą najpierw poznać, jakie czyny są w Jego oczach grzechem. Ponieważ wszelkie choroby spowodowane są grzechem, tylko jeśli spojrzysz na samego siebie i zniszczysz mur grzechu, będziesz mógł doświadczyć uzdrowienia.

Przyjrzyjmy się temu, co Pisma mówią nam na temat grzechu i w jaki sposób możemy zniszczyć mur grzechu.

1) Musisz żałować, że nie wierzyłeś w Boga i nie przyjąłeś Jezusa

Biblia mówi nam, że brak wiary w Boga oraz nieprzyjęcie Jezusa jako Zbawiciela są grzechem (Jan 16,9). Wielu niewierzących twierdzi, że prowadzą dobre życie, jednak ci ludzie nie znają słowa prawdy – światła Bożego – więc nie są w stanie odróżnić dobra od zła.

Nawet jeśli człowiek jest pewny, że prowadził dobre życie, kiedy jego życie zostaje skontrastowane z prawdą, czyli Słowem wszechmocnego Boga, który stworzył wszystko we wszechświecie i kontroluje życie, śmierć, przekleństwo i błogosławieństwo, odkrywa niesprawiedliwość i fałsz. Dlatego Biblia mówi nam: „*Nie ma sprawiedliwego, nawet ani jednego*" (Rzym. 3,10) oraz że „*jako że z uczynków Prawa żaden człowiek nie może dostąpić usprawiedliwienia w Jego oczach. Przez Prawo bowiem jest tylko większa znajomość grzechu*" (Rzym. 3,20).

Kiedy przyjmujesz Jezusa i stajesz się dzieckiem Boga po tym, jak żałowałeś, że wcześniej nie wierzyłeś w Boga i nie przyjąłeś Jezusa, wszechmocny Bóg stanie się twoim Ojcem, więc otrzymasz odpowiedzi na modlitwy oraz uzdrowienie z wszelkich chorób.

2) Musisz żałować, że nie kochałeś swoich braci

Biblia mówi nam: „*Umiłowani, jeśli Bóg tak nas umiłował, to i my winniśmy się wzajemnie miłować*" (1 Jana 4,11). Przypomina nam również, że mamy kochać nawet naszych wrogów (Mat. 5,44). Jeśli nienawidzisz swoich braci, jesteś nieposłuszny słowu Boga, więc grzeszysz.

Ponieważ Jezus zademonstrował swoją miłość do ludzkości pochłoniętej w grzechu oraz złym postępowaniu poprzez ukrzyżowanie, powinniśmy kochać naszych rodziców, dzieci, braci i siostry. W oczach Bożych nie powinniśmy nienawidzić. Powinniśmy być w stanie przebaczać, ponieważ złe uczucia i nieporozumienia są czymś, czego Bóg nie akceptuje.

W Ewangelii Mateusza 18,23-35 Jezus opowiada następującą przypowieść:

Dlatego podobne jest królestwo niebieskie do króla, który chciał rozliczyć się ze swymi sługami. Gdy zaczął się rozliczać, przyprowadzono mu jednego, który mu był winien dziesięć tysięcy talentów. Ponieważ nie miał z czego ich oddać, pan kazał sprzedać go razem z żoną, dziećmi i całym jego mieniem, aby tak dług odzyskać. Wtedy sługa upadł przed nim i prosił go: Panie, miej cierpliwość nade mną, a wszystko ci oddam. Pan ulitował się nad tym sługą, uwolnił go i dług mu darował. Lecz gdy sługa ów wyszedł, spotkał jednego ze współsług, który mu był winien sto denarów. Chwycił go i zaczął dusić, mówiąc: Oddaj, coś winien! Jego współsługa upadł przed nim i prosił go: Miej cierpliwość nade mną, a oddam tobie. On jednak nie chciał, lecz poszedł i wtrącił go do więzienia, dopóki nie odda długu. Współsłudzy jego widząc, co się działo, bardzo się zasmucili. Poszli i opowiedzieli swemu panu wszystko, co zaszło. Wtedy pan jego wezwał go przed siebie i rzekł mu: Sługo niegodziwy! Darowałem ci cały ten dług, ponieważ mnie prosiłeś. Czyż więc i ty nie powinieneś był ulitować się nad swoim współsługą, jak ja ulitowałem się nad tobą? I uniesiony gniewem pan jego kazał wydać go katom, dopóki mu całego długu nie odda. Podobnie uczyni wam Ojciec mój niebieski, jeżeli każdy z was nie przebaczy z serca swemu bratu.

Mimo że otrzymaliśmy przebaczenie i łaskę od naszego Boga Ojca, czy nie jesteśmy w stanie lub zwyczajnie nie chcemy przebaczyć wad i błędów naszych braci, a zamiast tego chętnie rywalizujemy, robimy sobie wrogów, nienawidzimy i prowokujemy innych?

Bóg mówi nam: *„Każdy, kto nienawidzi swego brata, jest zabójcą, a wiecie, że żaden zabójca nie nosi w sobie życia wiecznego"* (1 Jana 3,15), *„Podobnie uczyni wam Ojciec mój niebieski, jeżeli każdy z was nie przebaczy z serca swemu bratu"* (Mat. 18,35), oraz zachęca nas abyśmy nie *„Nie uskarżajcie się, bracia, jeden na drugiego, byście nie popadli pod sąd. Oto sędzia stoi przed drzwiami"* (Jak. 5,9).

Musimy uświadomić sobie, że jeśli nie kochamy, lecz nienawidzimy naszych braci, również grzeszymy i nie będziemy wypełnieni Duchem Świętym, lecz przepełnieni cierpieniem. Dlatego nawet jeśli nasi bracia nienawidzą lub rozczarowują nas, nie powinniśmy odwzajemniać tych uczuć i rozczarowywać ich, lecz zamiast tego powinniśmy wypełnić serca prawdą i zrozumieniem oraz wybaczyć im. Nasze serca muszą być w stanie zaoferować pełną miłości modlitwę dla naszych braci i sióstr.

Kiedy będziemy rozumieć, przebaczać i kochać siebie nawzajem z pomocą Ducha Świętego, Bóg okaże nam litość i łaskę oraz uzdrawiające działanie.

3) Musisz skruszyć się, jeśli modliłeś się z chciwości

Kiedy Jezus uzdrowił chłopca opętanego przez demona, jego uczniowie zapytali Go: *„Dlaczego my nie mogliśmy go* *wyrzucić?"* (Mar. 9,28), a Jezus odpowiedział: *„Ten rodzaj można wyrzucić tylko modlitwą /i postem/"* (Mar. 9,29). Aby otrzymać uzdrowienie, musimy poświęcić się modlitwie i błaganiu. Jednak modlitwy dotyczące naszych pragnień osobistych nie zostaną wysłuchane, ponieważ Bóg nie ma w nich upodobania. Bóg nakazuje nam: *„Przeto czy jecie, czy pijecie, czy cokolwiek innego czynicie, wszystko na chwałę Bożą czyńcie"* (1 Kor. 10,31). Dlatego celem naszego studium oraz celem otrzymania mocy musi być uwielbienie Boga. W Jak. 4,2-3 czytamy: *„Pożądacie, a nie macie, żywicie morderczą zazdrość, a nie możecie osiągnąć. Prowadzicie walki i kłótnie, a nic nie posiadacie, gdyż się nie modlicie. Modlicie się, a nie otrzymujecie, bo się źle modlicie, starając się jedynie o zaspokojenie swych żądz."*

Prośba o uzdrowienie, aby prowadzić zdrowe życie jest uwielbieniem dla Boga. Na taką modlitwę otrzymasz odpowiedź. Natomiast jeśli nie otrzymasz uzdrowienie nawet kiedy o nie prosisz, może to oznaczać, że być może poszukujesz czegoś nieodpowiedniego, mimo że Bóg pragnie da ci większe rzeczy.

Jaka modlitwa jest przyjemna dla Boga? W Mat. 6,33 Jezus mówi nam: *„Starajcie się naprzód o królestwo /Boga/ i o Jego Sprawiedliwość, a to wszystko będzie wam dodane."* Zamiast martwić się o jedzenie, ubrania i tym podobne, musimy na pierwszym miejscu postawić modlitwę za Jego królestwo i sprawiedliwość oraz ewangelizację i uświęcenie. Tylko wtedy Bóg spełni pragnienia twojego serca i w pełni uzdrowi cię z choroby.

4) Musisz skruszyć się, jeśli modliłeś się mając wątpliwości

Bóg cieszy się z modlitwy wiary. W Hebr. 11,6 napisano: *„Bez wiary zaś nie można podobać się Bogu. Przystępujący bowiem do Boga musi uwierzyć, że [Bóg] jest i że wynagradza tych, którzy Go szukają."* A w Jak. 1,6-7: *„Niech zaś prosi z wiarą, a nie wątpi o niczym. Kto bowiem żywi wątpliwości, podobny jest do fali morskiej wzbudzonej wiatrem i miotanej to tu, to tam. Człowiek ten niech nie myśli, że otrzyma cokolwiek od Pana."*

Modlitwa z wątpliwościami w sercu oznacza brak wiary we wszechmocnego Boga, umniejszanie Jego mocy oraz uważanie Go za niekompetentnego. Musimy skruszyć się, postępować jak praojcowie wiary i gorliwie modlić się o wiarę, dzięki której uwierzymy z całego serca.

Wiele razy w Biblii czytamy o tym, że Jezus kochał ludzi o wielkiej wierze, wybierał ich jako swoich pracowników i przez nich wypełniał swoją misję. Kiedy widział, że ludzie nie potrafią okazać wiary, podchodził do nich, jak do swoich uczniów i rozmawiał z nimi (Mat. 8,23-27), jednak tym bardziej zauważał i doceniał wielką wiarę, nawet u pogan (Mat. 8,10).

W jaki sposób się modlisz i jaka jest twoja wiara?

W Ewangelii Mateusza 8,5-13 czytamy o setniku, który przyszedł do Jezusa i poprosił Go o uzdrowienie sługi, który cierpiał i był sparaliżowany. Kiedy Jezus powiedział setnikowi, że przyjdzie go uleczyć, setnik odpowiedział: *„Panie, nie jestem godzien, abyś wszedł pod dach mój, ale powiedz tylko słowo, a mój sługa odzyska zdrowie"* (w. 7-8) i pokazał Jezusowi wielką wiarę. Słysząc odpowiedź setnika, Jezus ucieszył się i powiedział: *"Zaprawdę powiadam wam: U nikogo w Izraelu nie znalazłem tak wielkiej wiary"* (w. 10). Sługa setnika został uzdrowiony tej samej godziny.

W Ewangelii Marka 5,21-43 opisany jest przypadek niezwykłego uzdrowienia. Kiedy Jezus był nad morzem, jeden z przywódców synagogi o imieniu Jair przyszedł do Niego i padł do Jego stóp. Jair błagał Jezusa: *"Moja córeczka dogorywa, przyjdź i połóż na nią ręce, aby ocalała i żyła"* (w. 23). Kiedy Jezus szedł z Jairem, kobieta która cierpiała na krwotok od 12 lat podeszła do Niego. Bardzo cierpiała, a lekarze nie potrafili jej pomóc, więc jej stan stale się pogarszał.

Kobieta słyszała, że Jezus był blisko i wśród tłumu ludzi przecisnęła się do Niego i dotknęła Jego szaty. Ponieważ wierzyła, że wystarczy, że dotknie się Jego szaty i zostanie uzdrowiona. Kiedy dotknęła skrawka Jego szaty jej krwotok ustał i została uzdrowiona. Jezus poczuł, że uszła z Niego moc, odwrócił się i zapytał: *"Kto się dotknął mojego płaszcza?"* (w. 30). Kiedy kobieta przyznała się, Jezus powiedział: *"Córko, twoja wiara cię ocaliła, idź w pokoju i bądź uzdrowiona ze swej dolegliwości!"* (w. 34). Jezus dał kobiecie zbawienie i błogosławieństwo uzdrowienia.

W tamtej chwili ludzi z domu Jaira przyszli i oświadczyli: *"Twoja córka umarła"* (w. 35). Jezus jednak zapewnił Jaira, mówiąc: *"Nie martw się, lecz wierz"* (w. 36) i nadal szedł do domu Jaira. Jezus powiedział ludziom: *"Dziewczynka nie umarła, lecz śpi"* (w. 39), a do dziewczynki zwrócił się ze słowami: „Talitha koum", co oznacza „*Dziewczynko, tobie mówię wstań*" (w. 41). Dziewczyna wstała i zaczęła chodzić.

Uwierz, że jeśli prosisz z wiarą, nawet poważne choroby mogą zostać uleczone, a martwi mogą zostać przywróceni do życia. Jeśli miałeś wątpliwości aż do teraz, przyjmij uzdrowienie i bądź silny, żałując za grzechy.

5) Musisz skruszyć się, jeśli nie przestrzegałeś przykazań Bożych

W Ewangelii Jana 14,21 Jezus mówi: „*Kto ma przykazania moje i zachowuje je, ten Mnie miłuje. Kto zaś Mnie miłuje, ten będzie umiłowany przez Ojca mego, a również Ja będę go miłował i objawię mu siebie.*" W 1 Jana 3,21-22 czytamy: „*Umiłowani, jeśli serce nas nie oskarża, mamy ufność wobec Boga, i o co prosić będziemy, otrzymamy od Niego, ponieważ zachowujemy Jego przykazania i czynimy to, co się Jemu podoba.*" Grzesznik nie może czuć się pewny przed Bogiem. A jednak, jeśli nasze serca są godne i bez skazy w odbiciu słowa Prawdy, możemy odważnie prosić Boga o cokolwiek.

Dlatego, jako człowiek wierzący musisz nauczyć się i zrozumieć Dziesięć Przykazań Bożych, które służą jako streszczenie 66 ksiąg Biblii oraz odkryć, jak bardzo twoje życie jest z nimi zgodne.

I. Czy mam w sercu innych bożków przed Bogiem?

II. Czy kiedykolwiek czyniłem sobie bożki z mojego mienia,

dzieci, zdrowia, pracy, itp. i uwielbiałem je?

III. Czy kiedykolwiek wzywałem imienia Boga na darmo

IV. Czy zachowywałem święty Sabat?

V. Czy zawsze szanowałem moich rodziców?

VI. Czy kiedykolwiek popełniłem fizyczne bądź duchowe morderstwo, nienawidząc braci i sióstr, doprowadzając ich do grzechu?

VII. Czy kiedykolwiek popełniłem cudzołóstwo, choćby w sercu?

VIII. Czy kiedykolwiek coś ukradłem?

IX. Czy kiedykolwiek składałem fałszywe świadectwo na temat bliźniego?

X. Czy kiedykolwiek pożądałem czegoś, co należało do mojego bliźniego?

Ponadto, musisz spojrzeć w przeszłość i sprawdzić, czy wypełniałeś Boże przykazanie miłości bliźniego, jak siebie samego. Jeśli zachowuje Boże przykazania i prosisz Go o cokolwiek, Bóg mocy uzdrowi cię z wszelkich chorób czy dolegliwości.

6) Musisz skruszyć się, jeśli nie siałeś ziarna ewangelii

Bóg ma pieczę nad wszystkim we wszechświecie, On ustanowił prawa rzeczywistości duchowej oraz jako sprawiedliwy sędzia, On prowadzi i zarządza wszystkim w odpowiedni sposób.

W Księdze Daniela król Dariusz znalazł się w trudnej sytuacji, ponieważ nie mógł ocalić swojego ukochanego sługi Daniela z jaskini lwów, mimo że był królem. Ponieważ sam podpisał dekret, Dariusz nie mógł przekroczyć prawa, które sam ustanowił. Gdyby król jako pierwszy nagiął prawo i nie zachował go, kto by go szanował i mu służył? Dlatego mimo że jego ukochany sługa Daniel miał zostać wrzucony do jaskini lwów z powodu złych ludzi, Dariusz nie mógł nic zrobić.

Tym samym, Bóg nie może naginać swojego prawa, ani być nieposłuszny zasadom, które ustanowił, a wszystko we wszechświecie działa zgodnie z Jego wolą. Dlatego *„nie łudźcie się: Bóg nie dozwoli z siebie szydzić. A co człowiek sieje, to i żąć będzie"* (Gal. 6,7).

Jeśli siejesz z modlitwą, otrzymasz odpowiedzi na swoje modlitwy i będziesz wzrastać duchowo, poczujesz się wzmocniony i odnowiony. Jeśli byłeś chory lub odczuwałeś jakieś dolegliwości, lecz teraz siejesz w miłości do Boga i uczęszczasz na nabożeństwach, otrzymasz błogosławieństwo zdrowia i poczujesz zmiany w swoim ciele. Jeśli siejesz w Bogu, On będzie cię chronił przed próbami oraz da ci błogosławieństwo lepszego zdrowia. Rozumiejąc, jak ważne jest głoszenie ewangelii, kiedy odrzucisz pokusy tego świata, który upadnie i zniknie, a zamiast tego rozpoczniesz gromadzić nagrody w niebie w wierze, wszechmocny Bóg poprowadzi cię drogą ku zdrowemu życiu.

Dzięki Słowu Bożemu dokładnie sprawdziliśmy, co stało się murem między Bogiem i człowiekiem oraz dlaczego żyjemy, cierpiąc z powodu chorób. Jeśli nie wierzyłeś w Boga i cierpiałeś z powodu choroby, przyjmij Jezusa jako swojego Zbawiciela i rozpocznij życie w Chrystusie. Nie bój się tym, którzy mogą skrzywdzić jedynie ciało. Zamiast tego, bój się Tego, kto może potępić ciało i duszę w piekle, pilnuj swojej wiary w Boga przed prześladowaniami rodziców, rodzeństwa, małżonka, teściów czy kogokolwiek innego. Kiedy Bóg zauważy twoją wiarę, będzie działać i uzyskasz uzdrowienie.

Jeśli jesteś osobą wierzącą i cierpisz z powodu choroby, spójrz wstecz na siebie, aby dostrzec wszelkie zło, nienawiść, zazdrość, niesprawiedliwość, brud, złośliwość, ukryte motywy, morderstwo, kłótnię, plotki, oczernianie, dumę i tym podobne. Modląc do Boga, doświadczysz przebaczenia i Jego łaski, otrzymasz odpowiedź na swoją modlitwę i uzdrowienie z choroby.

Wielu ludzi próbuje targować się z Bogiem. Mówią, że jeśli Bóg uzdrowi ich z chorób, zaczną wierzyć w Jezusa i zaczną za Nim podążać. Jednak ponieważ Bóg zna serce każdego człowieka, jedynie jeśli oczyścimy swoje wnętrze, On uzdrowi nas z naszych fizycznych dolegliwości.

Jeśli zrozumiemy, że myśli człowieka i myśli Boga są zupełnie inne, zaczniemy być posłuszni woli Bożej, nasz duch zostanie uzdrowiony i otrzymamy błogosławieństwo uzdrowienia z chorób w imieniu Jezusa Chrystusa, do którego się modlimy.

Rozdział 3

Bóg uzdrowiciel

I powiedział:
Jeśli wiernie będziesz słuchał głosu Pana,
twego Boga, i będziesz wykonywał to,
co jest słuszne w Jego oczach;
jeśli będziesz dawał posłuch Jego przykazaniom
i strzegł wszystkich Jego praw,
to nie ukarzę cię żadną z tych plag,
jakie zesłałem na Egipt, bo Ja, Pan,
jestem Twoim uzdrowicielem.

Ks. Wyjścia 15,26

1. Dlaczego ludzie chorują?

Mimo że Bóg Uzdrowiciel pragnie, aby wszystkie Jego dzieci prowadziły zdrowe życie, wielu ludzi cierpi z powodu bólu choroby, i nie są w stanie rozwiązać problem choroby. Każdy skutek ma swoją przyczynę, więc i choroby mają swoją przyczynę. Ponieważ każda choroba może być szybko uleczone, kiedy zostanie określony jej powód, wszyscy, którzy pragną dostąpić uzdrowienia, muszą określić powód swojej choroby. Dzięki Słowu Boga zapisanemu w Ks. Wyjścia 15,26, wiemy, że powinniśmy zwrócić uwagę na powód choroby, oraz sposoby, dzięki którym możemy uwolnić się od chorób i prowadzić zdrowe życie.

PAN jest imieniem Bożym i oznacza „JESTEM, KTÓRY JESTEM" (Ks. Wyjścia 3,14). Niniejsze imię wskazuje również, że wszystkie inne istoty są poddane władzy Boga. Ze sposoby, w jaki Bóg określił sam siebie „PAN, który cię uzdrawia" (Ks. Wyjścia 15,26), dowiadujemy się na temat miłości Bożej, która uwalnia nad od cierpienia choroby, oraz o mocy Bożej, która leczy choroby.

W Ks. Wyjścia 15,26 Bóg obiecuje: *„I powiedział: Jeśli wiernie będziesz słuchał głosu Pana, twego Boga, i będziesz wykonywał to, co jest słuszne w Jego oczach; jeśli będziesz dawał posłuch Jego przykazaniom i strzegł wszystkich Jego praw, to nie ukarzę cię żadną z tych plag, jakie zesłałem na Egipt, bo Ja, Pan, jestem twoim uzdrowicielem."* Dlatego, jeśli jesteś chory, oznacza to, że nie słuchałeś uważnie Jego głosu, nie uczyniłeś tego, co słuszne w Jego oczach, ani nie zwracałeś uwagi na Jego przykazania. Ponieważ dzieci Boże są obywatelami nieba, muszą przestrzegać prawa niebieskiego. Jednakże, jeśli obywatele nieba nie przestrzegają prawa niebieskiego, Bóg nie może ich chronić, ponieważ grzech jest bezprawiem (1 Jana 3,4). Moc choroby dopadnie nieposłusznych, pozostawiając ich bez opieki Boga.

Przyjrzyjmy się szczegółowo powodom, dla których możemy zachorować, przyczynom chorób oraz temu, w jaki sposób moc Boga Uzdrowiciela może uleczyć ludzi cierpiących z powodu chorób.

2. Kiedy ktoś choruje z powodu grzechu

W całej Biblii Bóg mówi nam, że przyczyną chorób jest grzech. W Ewangelii Jana 5,14 czytamy: *„Potem Jezus znalazł go w świątyni i rzekł do niego: Oto wyzdrowiałeś. Nie grzesz już więcej, aby ci się coś gorszego nie przydarzyło."* Niniejszy werset przypomina nam, że jeśli człowiek grzeszy, może zachorować na jeszcze gorszą chorobę, oraz że z powodu grzechu ludzie chorują.

W Ks. Powt. Prawa 7,12-15 Bóg obiecuje nam: *„Za słuchanie tych nakazów i pilne ich wykonywanie będzie ci Pan, Bóg twój, dochowywał przymierza i miłosierdzia, które poprzysiągł przodkom twoim. Będzie cię miłował, błogosławił ci i rozmnoży cię. Pobłogosławi owoc twojego łona i owoc twojego* *pola: twoje zboże, moszcz, oliwę, przychówek od twych krów i pomiot od twoich owiec, na ziemi, o której poprzysiągł twoim przodkom, że da ją tobie. Obfitsze błogosławieństwo otrzymasz niż inne narody. Pomiędzy ludźmi i pomiędzy trzodami twoimi nie będzie niepłodnego ani niepłodnej. Pan oddali od ciebie wszelką chorobę, nie ześle na ciebie żadnej ze zgubnych plag egipskich, których byłeś świadkiem, a ześle je na wszystkich, którzy cię nienawidzą."* Na ludzi, którzy nienawidzą i grzeszą, spadną choroby.

W 28 rozdziale Ks. Powt. Prawa znanej jako „Rozdział Błogosławieństw", Bóg obiecuje swoim dzieciom wszelkie błogosławieństwa, jeśli w pełni będą przestrzegać Jego prawa I być Mu posłusznymi. Mówi nam również o różnych rodzajach przekleństw, które spadną na nas, jeśli nie będziemy postępować zgodnie z przykazaniami i zarządzeniami.

Szczególna uwaga zwrócona jest na rodzaje chorób, na które będziemy narażeni, jeśli będziemy nieposłuszni Bogu. Są to plagi, wyniszczające choroby, gorączka, zapalenie, upał i susza, zaraza, pochodząca z Egiptu... guzy, wrzody ropiejące; i swędzenie, od którego nie można się wyleczyć"; szaleństwo; ślepoty; zamieszanie umysłu i ból w kolanach oraz bolesne czyraki, których nie można wyleczyć, rozciągające się od stóp do czubka głowy (Ks. Powt. Prawa 28,21-35).

Jeśli zrozumiemy, że przyczyną choroby jest grzech, kiedy zachorujemy, będziemy świadomi tego, że powinniśmy się skruszyć, że nie postępowaliśmy zgodnie ze Słowem Bożym, a otrzymamy przebaczenie. Kiedy zostaniesz uzdrowiony i będziesz żył zgodnie ze Słowem Boga, nie powinieneś ponownie grzeszyć.

3. Kiedy przyczyną choroby jest brak świadomości grzechu

Niektórzy ludzie twierdzą, że mimo że nie grzeszą – chorują. Jednak Słowo Boże mówi nam, że jeśli robimy to co prawe w oczach Boga, przestrzegamy Jego przykazań i zarządzeń, Bóg nie dotknie nas żadnymi chorobami. Jeśli chorujemy, musimy wziąć pod uwagę, że zrobiliśmy coś nieprawego w oczach Boga i nie zachowaliśmy Jego przykazań.

Czy w takim razie jest grzech, który jest przyczyną chorób?

Jeśli ktoś z nas używa zdrowego ciała ofiarowanego nam przez Boga bez samokontroli i moralnych barier, jest nieposłuszny przykazaniom Bożym, popełnia błędy lub prowadzi niezorganizowane życie, naraża się na ryzyka zachorowania. Do tej kategorii chorób należą również zaburzenia trawienia, wypływające z nadmiernego lub nieregularnego spożywania pokarmów; choroba wątroby spowodowana paleniem i piciem alkoholu, oraz wiele innych chorób, które są spowodowane przepracowaniem.

Być może nie jest to grzechem z ludzkiego punktu widzenia, jednak w oczach Bożych to grzech. Objadanie się jest grzechem, ponieważ pokazuje ludzką chciwość oraz brak samokontroli.

Jeśli ktoś zachoruje z powodu nieregularnego odżywiania, jego grzechem jest to, że nie prowadził regularnego trybu życia i nie pilnował godzin spożywania posiłków, lecz wykorzystywał woje ciało bez samokontroli. Jeśli ktoś zachoruje z powodu nie przygotowanego do końca jedzenie, jego grzechem jest niecierpliwość – postępowanie niezgodne z prawdą.

Jeśli ktoś nieostrożnie używa noża i przetnie się, a jego rana ropieje, jest to również skutkiem grzechu. Gdyby prawdziwie kochał Boga, Bóg ochroniłby go przed takim wypadkiem. Nawet gdyby popełnił błąd, Bóg dałby sposób rozwiązania sytuacji, ponieważ działa dla dobra ludzi, którzy Go kochają, więc ciało nie doznałoby ran. Powodem ran było to, że działał naprędce i nie postępował poprawnie, a obie te rzeczy są złe w oczach Boga, co czyni takie postępowanie grzechem.

Taka sama zasada ma zastosowanie do palenia i picie. Jeśli ktoś jest świadomy, że palenie przyćmiewa umysł, uszkadza oskrzela oraz jest przyczyną nowotworu, a nadal nie jest w stanie rzucić, oraz jeśli ktoś jest świadomy szkodliwości alkoholu i jego negatywnego wpływu na jelita oraz wewnętrzne organy, a nadal pije popełnia grzech. Niniejsze zachowanie pokazuje nieumiejętność człowieka do kontrolowania samego siebie oraz jego chciwość, brak miłości do swojego ciała, oraz nieumiejętność podążania za wolą Bożą. Jakże nie jest to grzechem?

Nawet jeśli nie jesteśmy pewni, czy wszystkie choroby są skutkiem grzechu, teraz możemy być tego pewni, ponieważ sprawdziliśmy tę kwestię w Słowie Bożym. Musimy być posłuszni i postępować zgodnie z Jego Słowem, abyśmy zostali uwolnienie od chorób. Innymi słowy, kiedy robimy to, co prawe w Jego oczach, przestrzegamy Jego przykazań i zachowujemy Jego zarządzenia, On będzie nas chronił od chorób w każdym czasie.

4. Choroby spowodowane przez nerwicę oraz inne choroby psychiczne

Statystyki pokazuję, że liczba ludzi cierpiących z powodu nerwicy oraz innych chorób psychicznych stale wzrasta. Jeśli ludzie byliby cierpieli tak, jak nakazuje Słowo Boże, gdyby przebaczali, kochali i rozumowali zgodnie z prawdą, mogliby zostać uwolnieni od tych chorób. A jednak, zło nadal pozostaje w naszych sercach i przeszkadza nam w prowadzeniu życia zgodnego ze Słowem. Choroby umysłowe osłabiają nasze ciała oraz system immunologiczny, prowadząc do chorób. Kiedy żyjemy zgodnie ze Słowem Boga, nasze emocje nie będą pomieszane, nie będziemy tracić równowagi, a nasze umysły nie będą pobudzone.

Są ludzie wokół nas, którzy wydają się dobrzy, a jednak cierpią z powodu chorób. Ponieważ powstrzymują się od wyrażania emocji, cierpią o wiele bardziej niż ci, którzy wybuchają gniewem. Dobroć w prawdzie nie jest cierpieniem z powodu konfliktu emocjonalnego; zamiast tego jest zrozumieniem drugiego człowieka, przebaczeniem i miłością, oraz czerpaniem przyjemności z samokontroli oraz wytrwałości.

Ponadto, kiedy ludzie świadomie popełniają grzechy, będą cierpieć z powodu chorób psychicznych oraz destrukcji. Ponieważ nie postępują dobrze, wplątują się w zło, ich cierpienie psychiczne prowadzi do choroby. Wiemy, że nerwica i inne choroby psychiczne są często powodowane przez chorego, przez jego nierozsądne i złe postępowanie. Nawet w takich przypadkach, Bóg miłości uzdrowi tych, którzy szukają Go i pragną uzdrowienia. Co więcej, On da nadzieję na niebo i pozwoli zamieszkać w szczęśliwości i wygodzie.

5. Przyczyną chorób spowodowanych przez szatana jest również grzech

Niektórzy ludzie zostali opętani przez szatana i cierpią z powodu różnych chorób, które szatan na nich zrzuca. Ponieważ porzucili wolę Bożą i odeszli od prawdy. Powodem dużej ilości chorych ludzi, ludzi kalekich, opętanych przez demony w rodzinach, które wielbiły bożki jest to, że Bóg nienawidzi, kiedy ludzie oddają część bożkom.

W Ks. Wyjścia 20,5-6 czytamy: *„Nie będziesz oddawał im pokłonu i nie będziesz im służył, ponieważ Ja Pan, twój Bóg, jestem Bogiem zazdrosnym, który karze występek ojców na synach do trzeciego i czwartego pokolenia względem tych, którzy Mnie nienawidzą. Okazuję zaś łaskę aż do tysiącznego pokolenia tym, którzy Mnie miłują i przestrzegają moich przykazań."* Dał nam szczególne przykazanie, które zabrania nam oddawać czci bożkom. Z dziesięciu przykazań dal nam pierwsze dwa, które mówią: „*Nie będziesz miał cudzych bogów obok Mnie!*" (w. 3) oraz „*Nie będziesz czynił żadnej rzeźby ani żadnego obrazu tego, co jest na niebie wysoko, ani tego, co jest na ziemi nisko, ani tego, co jest w wodach pod ziemią!*" (w. 4) – łatwo możemy zauważyć, jak bardzo Bóg nienawidzi oddawania czci bożkom.

Jeśli rodzice nie postępują zgodnie z wolą Bożą i czczą bożki, ich dzieci będą naturalnie postępowały tak samo. Jeśli rodzice nie przestrzegają Słowa Bożego oraz prowadzą swoje dzieci do złego, ich dzieci będą naturalnie zachowywały się w podobny sposób. Kiedy grzech nieposłuszeństwa dociera do trzeciego i czwartego pokolenia, jako zapłatę za grzech, potomkowie odczują cierpienie z powodu chorób, które rzuci na nie diabeł.

Nawet jeśli rodzice wielbią bożki, a ich dzieci z dobroci serca uwielbiają Boga, On okaże swoją miłość i łaskę oraz pobłogosławi ich. Nawet jeśli ludzie obecnie cierpią z powodu chorób zrzuconych na nich przez szatana, ponieważ porzucili wolę Bożą i odeszli od prawdy, jeśli skruszą się i odwrócą od grzechu, Bóg Uzdrowiciel oczyści ich. Niektórzy uzdrowi natychmiast, innych odrobinę później, a jeszcze innych stopniowo wraz ze wzrostem ich wiary. Działanie uzdrowienia będzie miało miejsce zgodnie z wolą Boga; jeśli ludzie zmienią swoje serce, zostaną uzdrowieni natychmiast, jednak jeśli ich serca będą przebiegłe, mogą zostać uzdrowieni później.

6. Będziemy wolni od chorób, jeśli będziemy prowadzić życie wiary

Ponieważ Mojżesz był najskromniejszym człowiekiem na ziemi (Ks. Liczb 12,3) oraz był wierny domowi Bożemu, został uznany za godnego sługę Boga (Ks. Liczb 12,7). Biblia mówi nam również, że kiedy Mojżesz umarł w wieku 120 lat, jego wzrok był dobry i nie brakowało mu siły (Ks. Powt. Prawa 34,7). Ponieważ Abraham był człowiekiem, który w pełni przestrzegał prawa Bożego w wierzy oraz czcił Boga, dożył 175 lat (Ks. Rodz. 25,7). Daniel był zdrowy mimo, że jadł tylko warzywa (Dan. 1,12-16), podczas gdy Jan Chrzciciel był krzepki mimo, że odżywiał się jedynie szarańczą i dzikim miodem (Mat. 3,4).

Ktoś może zastanawiać się, jak ludzie mogli być zdrowi, skoro nie jedli mięsa. A jednak kiedy Bóg stworzył człowieka, powiedział mu, aby jadł jedynie owoce. W Ks. Rodzaju 2,16-17 Bóg mówi człowiekowi: *„A przy tym Pan Bóg dał człowiekowi taki rozkaz: Z wszelkiego drzewa tego ogrodu możesz spożywać według upodobania; ale z drzewa poznania dobra i zła nie wolno ci jeść, bo gdy z niego spożyjesz, niechybnie umrzesz."* Po nieposłuszeństwie Adama, Bóg dał człowiekowi do jedzenia jedynie rośliny polne (Ks. Rodz. 3,18), a ponieważ grzech nadal był na świecie, po potopie, Bóg powiedział Noemu w Ks. Rodz. 9,3: *„Wszystko, co się porusza i żyje, jest przeznaczone dla was na pokarm, tak jak rośliny zielone, daję wam wszystko."* Jako że człowiek stopniowo stawał się zły, Bóg pozwolił mu jeść mięso, jednak nie mógł spożywać żadnych nieczystych pokarmów (Ks. Kapł. 11, Ks. Powt. Prawa 14). W czasach Nowego Testamentu Bóg powiedział nam w Dziejach Ap. 15,29: „*Powstrzymajcie się od ofiar składanych bożkom, od krwi, od tego, co uduszone, i od nierządu. Dobrze uczynicie, jeżeli powstrzymacie się od tego. Bywajcie zdrowi!*" Pozwolił nam jeść pokarmy, które mają korzystny wpływ na nasze zdrowie, a poradził nam, abyśmy powstrzymywali się przed pokarmami, które są szkodliwe; byłoby dla nas dobrze,gdybyśmy w ogóle nie spożywali pokarmów, które nie są dobre w oczach Boga. Tak, jak postępujemy zgodnie z wolą Bożą i żyjemy w wierze, nasze ciała będą silniejsze, choroby nas opuszczą i nie będą więcej atakować.

Ponadto, nie będziemy chorować, jeśli będziemy żyć w sprawiedliwości, ponieważ dwa tysiące lat temu Jezus przyszedł na ten świat i niósł wszystkie nasze ciężary. Jeśli uwierzymy, że dzięki Jego przelanej krwi Jezus odkupił nas z grzechu, a dzięki Jego ranom nasze dolegliwości ustąpią (Mat.8,17) zostaniemy uzdrowieni, i stanie się tak zgodnie z naszą wiarą (Iz. 53,5-6; 1 Piotra 2,24).

Zanim poznaliśmy Boga, nie mieliśmy wiary. Żyliśmy w pogodni za pragnieniami naszej grzesznej natury i cierpieliśmy z powodu wielu różnych chorób w konsekwencji naszych grzechów. Jeśli żyjemy w wierze i postępujemy sprawiedliwie, będziemy odczuwać błogosławieństwa fizycznego zdrowia.

Kiedy umysł jest zdrowy, ciało również będzie zdrowe. Jeśli żyjemy w sprawiedliwości i postępujemy zgodnie ze Słowem Boga, nasze ciała będą wypełnione Duchem Świętym. Choroby opuszczą nasze ciała i zyskamy zdrowie fizyczne tak, że nie będziemy cierpieć z powodu żadnych dolegliwości. Ponieważ będziemy odczuwać pokój, lekkość, radość i będziemy zdrowi, nie będziemy mieć pragnień, lecz będziemy wdzięczno Bogu za to, że dał nam zdrowie.

Modlę się, abyś postępował sprawiedliwie i żył w wierze, aby twój duch miał się dobrze, abyś został uzdrowiony z wszelkich chorób i dolegliwości, a także w pełni odzyskał zdrowie, a ponadto, abyś odczuwał ogrom Bożej miłości i żył zgodnie z Jego Słowem.

Rozdział 4

Dzięki Jego ranom jesteśmy uleczeni

Lecz On się obarczył naszym cierpieniem,
On dźwigał nasze boleści, a myśmy Go za skazańca uznali,
chłostanego przez Boga i zdeptanego.
Lecz On był przebity za nasze grzechy,
zdruzgotany za nasze winy.
Spadła Nań chłosta zbawienna dla nas,
a w Jego ranach jest nasze zdrowie.

Iz. 53,4-5

1. Jezus jako Syn Boży uzdrowił wszelkie nasze choroby

Ponieważ ludzie samodzielnie nawigują swój kierunek życia, często napotykają na problemy. Tak, jak morze nie zawsze jest spokojne, na morzu życia jest wiele problemów związanych z domem, pracą, biznesem, chorobą, stanem posiadania, itp. Nie byłoby to wyolbrzymieniem, gdybym stwierdził, że pośród problemów w życiu, jednym z najgorszych są choroby.

Bez względu na to, ile mamy pieniędzy i wiedzy, jeśli dotknie nas śmiertelna choroba, wszystko, na co pracowaliśmy przez całe życie, wydaje się jedynie bańką mydlaną. Z jednej strony, widzimy, że cywilizacja rozwija się, a bogactwo ludzi wzrasta, pragnienie człowieka, aby być zdrowym rośnie wprost proporcjonalnie. Z drugiej strony, bez względu na to, jak daleko rozwinęła się nauka i medycyna, stale odkrywane są nowe i rzadkie choroby – wobec których człowiek pozostaje bezsilny, a liczba ludzi, którzy cierpią stale wzrasta. Być może dlatego tym większy nacisk ludzie kładą właśnie na zdrowie.

Cierpienie, choroby i śmierć – wyniki grzechu – zawierają w sobie istotę ludzkich ograniczeń. Tak, jak w czasach Starego Testamentu, Bóg Uzdrowiciel prezentuje nam dzisiaj sposób, dzięki któremu ludzie, którzy wierzą w Boga mogą zostać uzdrowieni ze wszelkich chorób dzięki wierze w Jezusa. Przyjrzyjmy się tekstom biblijnym zobaczymy, dlaczego otrzymujemy odpowiedzi na modlitwy w kwestii chorób i możemy prowadzić zdrowy tryb życia dzięki Chrystusowi.

Kiedy Jezus zapytał swoich uczniów: „A wy za kogo mnie uważacie?", Szymon Piotr odpowiedział: „*Ty jesteś Mesjasz, Syn Boga Żywego*" (Mat. 16,15-16). Taka reakcja wydaje się prosta, ale pokazuje nam, że tylko Jezus jest Chrystusem.

W czasie Jego życia za Jezusem podążały wielkie tłumy, ponieważ uzdrawiał chorych, opętanych przez demony, epileptyków, paralityków oraz innych cierpiących. Kiedy kalecy, ludzie z gorączką, niepełnosprawni, ślepi i inni byli uzdrawiani przez dotyk Jezusa, zaczynali za Nim podążać i Mu służyć. Jakże cudownie byłoby to zobaczyć? Doświadczając takich cudów, ludzie wierzyli i przyjmowali Jezusa, otrzymywali odpowiedzi na modlitwy, a chorzy doświadczali uzdrowienia. Co więcej, kiedy Jezus uzdrawiał ludzi, każdy mógł do Niego przyjść. Tak samo jest dzisiaj.

Kaleki mężczyzna wziął udział w piątkowym nabożeństwie uwielbieniowym niedługo po tym, jak założyłem mój kościół. PO wypadku samochodowym mężczyzna był przed długi czas rehabilitowany. Jednakże, ponieważ miał naciągnięte ścięgna w kolanach, nie był w stanie zginać nogi w kolanie, a ponieważ nie był w stanie poruszyć łydką, nie mógł chodzić. Kiedy słuchał głoszonego słowa, zapragnął przyjąć Jezusa i zostać uzdrowionym. Kiedy modliłem się gorliwie za tym człowiekiem, wstał o zaczął chodzić, a nawet biegać. Tak, jak kaleki przy bramie zwanej Piękną zaczął skakać po modlitwie Piotra (Dz. Ap. 3,1-10), w naszym kościele Bóg również zamanifestował swoją moc.

Jest to dowodem na to, że ktokolwiek uwierzy w Jezusa i otrzyma przebaczenie może być uzdrowiony ze swoich chorób, nawet takich których nie była w stanie wyleczyć współczesna medycyna. Jego ciało zostanie odnowione. Bóg, który był taki sam wczoraj, dziś i będzie na wieki (Hebr. 13,8) działa w ludziach, którzy wierzą w Jego słowo i wyznają swoją wiarę. On uzdrawia choroby, otwiera oczy ślepych i pozwala kalekim chodzić.

Każdemu, kto przyjął Jezusa, odpuszczono jego grzechy i stał się dzieckiem Boga, więc żyje życiem wolności.

Przyjrzyjmy się dokładnie, dlaczego każdy z nas może prowadzić zdrowe życie, jeśli uwierzy w Jezusa.

2. Jezus został zraniony i przelał swoją krew

Przed ukrzyżowaniem rzymscy żołnierze biczowali ciało Jezusa, który przelał swoją krew już podczas sądu u Poncjusza Piłata. Rzymscy żołnierze byli krzepcy, niezwykle silni i świetnie wytrenowani. Byli przecież żołnierzami cesarstwa, które rządziło wtedy światem. Przeraźliwy ból, który zniósł Jezus, kiedy żołnierze biczowali go nie może być nawet opisany słowami. Przy każdym biczowaniu bicz owijał się wokół ciała Jezusa i wyrywał Jego skórę tak, że krew wypływała strumieniami.

Dlaczego Jezus, Syn Boży bez grzechu, winy i skazy był tak okrutnie potraktowany i przelał krew za nas grzeszników? Jego śmierć wskazuje na niesamowitą miłość i prowadzenie Boże.

W 1 Liście Piotra 2,24 czytamy, że ranami Jezusa jesteśmy uleczeni. W Izajaszu 53,5 czytamy, że poprzez ubiczowanie Jezusa dostępujemy uzdrowienia. Około dwa tysiące lat temu

Jezus Syn Boże został ubiczowany dla naszego odkupienia, przelał krew za nasz grzech przez to, że nie żyjemy zgodnie ze słowem Bożym. Jeśli uwierzymy w Jezusa, który został ubiczowany i przelał krew, zostaniemy uwolnieni od chorób. To jest dowód zadziwiającej miłości i mądrości Boga.

Dlatego, jeśli cierpisz z powodu choroby, chociaż jesteś dzieckiem Boga, żałuj za swoje grzechy i uwierz, a zostaniesz uzdrowiony. Ponieważ *„Wiara zaś jest poręką tych dóbr, których się spodziewamy, dowodem tych rzeczywistości, których nie widzimy"* (Hebr. 11,1), nawet jeśli odczuwasz ból, dzięki wierze możesz powiedzieć, że już zostałeś uzdrowiony, a tak na pewno się stanie.

Kiedy chodziłem do szkoły, uszkodziłem sobie jedno żebro, a ból powracający od czasu do czasu był nie do zniesienia tak, że miałem trudności z oddychaniem. Rok lub dwa po tym, jak przyjąłem Jezusa, ból powrócił, kiedy próbowałem podnieść ciężki przedmiot. Był tak straszny, że nie byłem w stanie zrobić nawet kroku. Niemniej jednak ponieważ doświadczyłem i uwierzyłem w moc wszechmocnego Boga, modliłem się gorliwie: „Wierzę, że kiedy poruszę się po skończonej modlitwie, ból ustąpi, będę mógł wstać i chodzić." Wyglądało na to, że ból był częścią mojej wyobraźni.

Jezus powiedział w Ewangelii Marka 11,24: *„Dlatego powiadam wam: Wszystko, o co w modlitwie prosicie, stanie się wam, tylko wierzcie, że otrzymacie."* Jeśli wierzymy, że zostaniemy uzdrowieni, z pewnością otrzymamy uzdrowienie zgodnie z naszą wiarą. Jednakże, jeśli uważamy, że nadal nie zostaliśmy uzdrowieni z powodu okropnego bólu, choroba nie opuści naszego ciała. Innymi słowy, tylko jeśli przełamiemy barierę naszych myśli, wszystko stanie się zgodnie z naszą wiarą. Dlatego Bóg mówi nas, że grzeszny umysł nie podoba się Bogu (Rzym. 8,7) oraz zachęca nas, abyśmy panowali nad naszymi myślami i byli Mu posłuszni (2 Kor. 10,5). Co więcej, w Ewangelii Mateusza 8,17 dowiadujemy się, że Jezus zabrał nasze dolegliwości i choroby. Jeśli sądzisz, że jesteś słaby, pozostaniesz słaby. A jednak bez względu na to, jak trudne i wyczerpujące Może wydawać się życie, jeśli twoje usta wyznają, że masz moc i łaskę Bożą, a Duch Święty cię prowadzi, nie będę wyczerpany, zmęczenie zniknie i twoje ciało będzie silne.

Jeśli rzeczywiście wierzymy w Jezusa, który zabrał nasze choroby, musimy pamiętać, że nie ma powodu, abyśmy musieli cierpieć i chorować.

3. Kiedy Jezus zobaczył ich wiarę

Skoro zostaliśmy uzdrowieni dzięki cierpieniu Jezusa, potrzeba nam tylko wiary, aby w to uwierzyć. Wielu ludzi, którzy nie wierzą w Jezusa przychodziło do Niego ze swoimi chorobami. Niektórzy ludzie dostępują uzdrowienia zaraz po przyjęciu Jezusa, u innych poprawa następuje później. Ostatnia grupa to ludzi, którzy powinni spojrzeć w przeszłość i zastanowić się nad swoim życiem.

Przeczytajmy Ewangelię Marka 2,1-12 i przyjrzyjmy się

historii paralityka i jego przyjaciół, którzy wykazali się niezwykłą wiarą, uchwycili się ręki Pana, który uzdrowił paralityka z choroby i oddali chwałę Bogu.

Kiedy Jezus odwiedził Kafarnaum, wiadomość o Jego przybyciu szybko się rozeszła, więc zgromadził się wielki tłum. Jezus głosił im Słowo Boga – prawdę – więc tłum słuchał uważnie, nie chcąc stracić ani jednego słowa. Właśnie wtedy czterech mężczyzn przyniosło paralityka na noszach, jednak z powodu ogromnego tłumu nie mogli podejść do Jezusa. Niemniej jednak, nie poddali się. Weszli na dach i przez otwór w dachu spuścili paralityka na noszach przed oblicze Jezusa. Kiedy Jezus zobaczył ich wiarę, powiedział paralitykowi: „Synu, przebaczone są grzechy twoje, wstań, weź łoże swoje i idź do domu." Paralityk otrzymał uzdrowienie, którego tak bardzo pragnął. Kiedy wstał i zaczął chodzić, ludzie byli zadziwieni i oddawali chwałę Bogu.

Paralityk cierpiał tak bardzo, że nie był w stanie samodzielnie się poruszać. Kiedy usłyszał o Jezusie, który otwierał oczy ślepych, uzdrawiał kalekich, wyganiał demony oraz leczył z wielu dolegliwości, desperacko zapragnął się z nim spotkać. Ponieważ miał dobre serce, tęsknił za tym, aby spotkać Jezusa.

Pewnego dnia dowiedział się, że Jezus przybywa do Kafarnaum. Czy możesz sobie wyobrazić jego radość? Poprosił swoich przyjaciół o pomoc, którzy na szczęście również mieli silną wiarę, więc zgodzili się pomóc.

Gdyby przyjaciele paralityka nie zechcieli mu pomóc i wyśmiali go, mówiąc: „Jak możesz wierzyć w coś takiego, skoro tego nie widziałeś?", nie zdecydowaliby się na to, aby się tak kłopotać. A jednak ponieważ również mieli wiarę, przynieśli przyjaciela na noszach, otworzyli dach i spuścili go w dół. Kiedy zobaczyli wielki tłum, mogli poczuć się zniechęceni. Na pewno prosili o przejście. Jednakże, ponieważ ogromna liczba ludzi była tam zgromadzona, nie było możliwości przejścia. W końcu zdecydowali się wejść na dach, otworzyć go i spuścić nosze z paralitykiem w dół przed Jezusa. Paralityk był bardzo blisko Jezusa. Dzięki tej historii, widzimy, jak bardzo wierni i gorliwi byli paralityk i jego przyjaciele.

Musimy zwracać uwagę na fakt, że paralityk i jego przyjaciele nie przyszli do Jezusa tak po prostu. Fakt, że tak bardzo się kłopotali, aby Go spotkać po tym, jak usłyszeli wieści na Jego temat widzimy, jak mocno musieli uwierzyć w Jego moc. Ponadto, pokonując trudności, paralityk i jego przyjaciele pokazali, jak bardzo są pokorni.

Kiedy ludzie zobaczyli paralityka i jego przyjaciół, idących na dach i otwierających go, mogli się rozgniewać. Mogło stać się nawet coś strasznego. Jednak tym ludziom nic nie mogło stanąć na drodze. Kiedy spotkają Jezusa, ich przyjaciel zostanie uzdrowiony, dach i straty można było łatwo zreperować.

Wśród wielu ludzi cierpiących na poważne choroby ciężko jest znaleźć pacjenta lub rodzinę, którzy naprawdę wierzą. Zamiast przyjść do Jezusa, mówią: „Jestem chory. Chciałbym pójść, lecz nie jestem w stanie" lub też „Taka i taka osoba w mojej rodzinie jest słaba, więc nie można jej nigdzie zabrać." Bardzo zniechęcające jest obserwowanie tak biernych ludzi, którzy czekają na to, aby „jabłko samo wpadło im do buzi." Taki ludziom po prostu brak wiary.

Jeśli ludzi twierdzą, że wierzą w Boga, muszą być szczerzy w tym, jak swoją wiarę okazują. Człowiek nie może doświadczyć działanie Bożego dzięki wierze, która jest jedynie wiedzą, jedynie jeśli pokazuje swoją wiarę uczynkami, jego wiara staje się żywa.

Dlatego, tak, jak paralityk przyjął uzdrowienie dzięki wierze, musimy stać się mądrymi i okazać wiarę, abyśmy również mogli prowadzić życie, dzięki któremu nasza wiara będzie wzrastać oraz doświadczymy cudów Bożych.

4. Twoje grzechy zostały przebaczone

Do paralityka, który przybył do Jezusa dzięki pomocy jego przyjaciół, Jezus powiedział: „Synu, odpuszczone są grzechy twoje" i rozwiązał problem grzechu. Jeśli ktoś nie otrzymuje odpowiedzi na swoje modlitwy, oznacza to, że między nim i Bogiem istnieje mur grzechu. Jezus przebaczył grzechy paralityka, który przybył do Niego w wierze.

Jeśli posiadamy prawdziwą wiarę w Boga, Biblia mówi nam, z jaki nastawienie powinniśmy przyjść do Niego i jak się zachowywać. Będą posłusznym Jego przykazaniom, człowiek niesprawiedliwy staje się sprawiedliwym, kłamca staje się prawdomówny i uczciwy. Jeśli jesteśmy posłuszni słowu Prawdy, nasze grzechy zostaną odpuszczone dzięki krwi Jezusa, a kiedy otrzymamy przebaczenie, otrzymamy również Bożą ochronę oraz odpowiedzi na modlitwy.

Ponieważ wszystkie choroby są skutkiem grzechu, kiedy problem grzechu zostaje rozwiązany, Bóg może manifestować swoją moc w działaniu. Tak, jak żarówka zapala się, czy maszyna działa, kiedy dociera do niej prąd, kiedy Bóg zobaczy wiarę, przebaczy grzechy i da więcej wiary, czyniąc cuda. „*Wstań, weź łoże swoje i idź do domu*" (Marka 2,11). Jakże pokrzepiająca uwaga. Widząc wiarę paralityka oraz jego przyjaciół, Jezus rozwiązał problem grzechu i paralityk zaczął chodzić. Bardzo długo pragnął być uleczonym i Jezus wysłuchał go. Tym samy, jeśli chcemy otrzymać odpowiedzi na nasze modlitwy, musimy pamiętać, aby prosić o przebaczenie i oczyścić serca.

Kiedy ludzie mają mało wiary, być może poszukują rozwiązań i uzdrowienia, polegając na medycynie i lekarzach, jednak kiedy ich wiara wzrasta, zaczynają kochać Boga i Jego słowo, choroby ich nie atakują. Nawet jeśli chorują, patrzą w przeszłość, żałują ze swoje grzechy ze szczerego serca i odwracają się od grzechu, natychmiast otrzymując uzdrowienie. Wiem, że wielu z was ma takie doświadczenia.

Jakiś czas temu, u starszego człowieka w naszych kościele zdiagnozowano problem z kręgosłupem – wyskoczył mu dysk i nie był w stanie się ruszać. Spojrzał w przeszłość, żałował za grzechy i przyjął modlitwę. Bóg uzdrowił go tak, że mógł normalnie się poruszać.

Kiedy córka jednej siostry cierpiała z powodu wysokiej gorączki, matka uświadomiła sobie, że jej nerwowość była powodem cierpienia dziecka, żałowała za grzech i dziecko zostało uleczone.

Aby zbawić rodzaj ludzi, który z powodu nieposłuszeństwa Adama, podążał ścieżką zniszczenie, Bóg wysłał Jezusa na świat i pozwolił Mu umrzeć na krzyżu w naszym imieniu. Biblia mówi nam: „*Z tego przekleństwa Prawa Chrystus nas wykupił – stawszy się za nas przekleństwem, bo napisane jest: Przeklęty każdy, którego powieszono na drzewie"* (Ga. 3,13) oraz „*I prawie wszystko oczyszcza się krwią według Prawa, a bez rozlania krwi nie ma odpuszczenia /grzechów/"* (Hebr. 9,22).

Ponieważ wiemy, że powodem chorób jest grzech, musimy żałować za nasze grzechy i uwierzyć w Jezusa, który odkupił nas z grzechu i chorób, oraz dzięki wierze prowadzić zdrowe życie. Wielu braci doświadcza uzdrowień, świadczy o mocy Boga i jest świadkami żyjącego Boga. To pokazuje nam, że każdy, kto przyjmie Jezusa i prosi w Jego imieniu, otrzyma odpowiedzi na modlitwy i Jego problemy zostaną rozwiązane. Bez względu na to, jak ciężkie mogą być twoje choroby, jeśli z całego serca uwierzysz w Jezusa, który przelał za nas swoją krew, doświadczysz niezwykłych cudów Bożych.

5. Wiara udoskonalona przez uczynki

Tak, jak paralityk został uzdrowiony, okazując wiarę w Jezusa, również my, jeśli chcemy, aby Bóg spełnił nasze pragnienia, musimy pokazać Bogu naszą wiarę, której towarzyszą uczynki. Aby pomóc czytelnikom lepiej zrozumieć pojęcie „wiary", krótko to wyjaśnię.

W życiu z Chrystusem wiarę możemy podzielić na dwie

kategorie: wiara cielesna oraz wiara wypływająca z wiedzy – w zależności od rodzaju wiary, dzięki której człowiek wierzy z powodu fizycznych dowodów oraz słowa odnoszącego się do wiedzy i myśli. Natomiast wiara duchowa jest rodzajem wiary, dzięki której człowiek wierzy, nawet jeśli nie widzi, a słowo nie odnosi się do wiedzy i myśli.

Poprzez wiarę cielesną człowiek wierzy, że coś widzialnego zostało stworzone jedynie z czegoś innego, co również jest widzialne. Poprzez wiarę duchową, której człowiek nie posiada, jeśli łączy swoje myśli i wiedzę, człowiek wierzy, że coś widzialnego mogło być stworzone z czegoś niewidzialnego. Ta druga wymaga zrezygnowania z myśli i wiedzy.

Od chwili narodzin, niezliczone ilość wiedzy zapisywana jest w naszym mózgu. Zapisywane są rzeczy, które widzi i słyszy; rzeczy, których uczy się w domu oraz w szkole, w różnych okolicznościach i warunkach. A jednak nie wszystko rejestrowane jako wiedza jest prawdziwe. Jeśli coś nie jest zgodne ze słowem Bożym, powinniśmy się od tego odciąć. Na przykład, w szkole uczymy się, że każdy organizm żywy powstał z innego rozwijającego się przez miliony lat organizmu, jednak Biblia uczy nas, że wszystkie żywe istoty zostały stworzone przez Boga. Co powinien zrobić człowiek? Fałszywe rozumienie teorii ewolucji już zostało wykazane przez naukę. Jak to możliwe, nawet z ludzkim rozumem, aby małpa przekształciła się w istotę ludzką, a żaba przekształciła się w ptaka w ciągu milionów lat. Nawet logika stoi po stronie kreacjonizmu.

Podobnie, kiedy wiara cielesna przekształci się w wiarę

duchową, wątpliwości zostaną odrzucone, staniesz na skale wiary. Ponadto, jeśli wyznajesz wiarę w Boga, musisz wprowadzić słowo w praktykę. Jeśli wyznajesz, że wierzysz w Boga, musisz pokazać, że zachowujesz dzień święty, kochasz sąsiada i jesteś posłuszny słowu prawdy.

Gdyby paralityk z Ewangelii Marka 2 został w domu, nie zostałby uzdrowiony. A jednak ponieważ wierzył, został uzdrowiony, kiedy przyszedł do Jezusa, okazał wiarę, próbując wszelkich możliwych metod, aby otrzymać uzdrowienie. Nawet jeśli człowiek, który pragnie wybudować dom modli się: „Panie wierzę, że ten dom zostanie wybudowany", ani sto, ani tysiące modlitw nie doprowadzi do tego, aby dom sam się wybudował. Człowiek musi pracować, przygotować fundamenty, kopać w ziemi, ustawić filary oraz całą resztę; po prostu wymagane są „czyny."

Jeśli ty albo ktokolwiek inny w twojej rodzinie cierpicie z powodu choroby, uwierzcie w Boga, który przebaczy grzechy i uzdrowi was, jeśli będzie widział ludzi zjednoczonych w miłości, która ugruntowana jest na wierze. Niektórzy ludzie mówią, że ponieważ na wszystko jest czas, będzie również czas uzdrowienia. Jednakże, pamiętajmy, że czas nadejdzie, jeśli człowiek ugruntuje swoją wiarę i stanie przed Bogiem.

Modlę się w imieniu Jezusa Pana, abyście otrzymali odpowiedzi na modlitwy, zostali uzdrowieni z chorób i oddawali chwałę Bogu.

Rozdział 5

Moc do uzdrawiania dolegliwości

„Wtedy przywołał
do siebie dwunastu swoich uczniów
i udzielił im władzy nad duchami nieczystymi,
aby je wypędzali i leczyli wszystkie choroby
i wszelkie słabości."

Mat. 10,1

1. Moc do uzdrawiania chorób i słabości

Jest wiele sposobów na udowodnienie niewierzącym istnienie Boga. Uzdrawianie jest jednym ze sposobów. Kiedy ludzie chorzy na nieuleczane i śmiertelne choroby, wobec których medycyna jest bezsilna, zostają uzdrowieni, nie ma możliwości zaprzeczenia mocy Boga Stworzyciela. Zostaje jedynie uwierzyć w moc Bożą i oddać Mu chwałę.

Pomimo bogactwa, władzy, sławy i wiedzy, wielu ludzi nie jest w stanie rozwiązać problemu chorób i są bezsilni. Mimo że wielka liczba chorób nie może być uzdrowiona nawet dzięki świetnie rozwiniętej medycynie, jeśli ludzie wierzą w Boga, polegają na Nim, i Jemu oddają problem, mogą zostać uzdrowieni. Nasz Bóg jest Bogiem wszechmogącym, dla którego nie ma nic niemożliwego, który stworzył coś z niczego, który sprawia, że suchy patyk wypuszcza pączki (Ks. Liczb 17,8) oraz który ożywia martwych (Jan 11,17-44).

Moc naszego Boga może uzdrowić choroby. W Ewangelii Mateusza 4,23 czytamy: *„I obchodził Jezus całą Galileę, nauczając w tamtejszych synagogach, głosząc Ewangelię o królestwie i lecząc wszelkie choroby i wszelkie słabości wśród ludu"*, a w Mat. 8,17: *„Tak oto spełniło się słowo proroka Izajasza: On wziął na siebie nasze słabości i nosił nasze choroby."* W tych fragmentach czytamy o chorobach i słabościach.

Słabości nie odnoszą się do względnie lekkich chorób, takich jak przeziębienie czy zmęczenie. Chodzi o nienaturalną dolegliwość, w ramach której funkcjonowanie naszego organizmu, części ciała lub organów jest zatrzymane lub uszkodzone z powodu wypadku lub błędu rodziców czy danej osoby. Na przykład, osoby nieme, głuche, niewidome, kalekie, sparaliżowane (np. choroba Heinego-Medina), czy inne – dolegliwości, których człowiek nie jest w stanie uleczyć określamy mianem „słabości." Poza dolegliwościami spowodowanymi wypadkiem lub błędem rodziców lub własnym, jak na przykład ślepota człowiek, który urodził się niewidomy, a którego sytuację opisano w Janie 9,1-3, są ludzie, którzy cierpią z powodu słabości, aby mogła się okazać chwała Boża. Takie przypadki są rzadkie w porównaniu z tymi spowodowanymi ignorancją i błędami ludzkimi.

Kiedy ludzie żałują za grzechy i przyjmują Jezusa, wierzą w Boga, a On daje im Ducha Świętego jako dar. Wraz z Duchem Świętym, ludzie ci otrzymują prawo, by nazywać się dziećmi Bożymi. Kiedy Duch Święty jest z nimi, poza wyjątkowymi i trudnymi przypadkami, większość chorób zostaje uleczonych. Fakt, że otrzymali Ducha Świętego pozwala na to, aby ogień Ducha oczyścił ich i uleczył rany. Co więcej, jeśli ktoś cierpi z powodu ciężkiej choroby, jeśli szczerze i gorliwie się modli, niszczy mur grzechu między sobą i Bogiem, odwraca się od grzechu, żałuje, otrzyma uzdrowienie zgodnie ze swą wiarą.

„Ogień Ducha Świętego" odnosi się do chrztu ognia, który ma miejsce, kiedy człowiek przyjmuje Ducha Świętego. Jest to moc Boża. Kiedy duchowe oczy Jana Chrzciciela zostały otwarte i zobaczył, opisał ogień Ducha jako „chrzest ognia." W Mat. 3,11

Jan Chrciciel mówi: *"Ja was chrzczę wodą dla nawrócenia; lecz Ten, który idzie za mną, mocniejszy jest ode mnie; ja nie jestem godzien nosić Mu sandałów. On was chrzcić będzie Duchem Świętym i ogniem."* Chrzest ognia nie przychodzi o każdej porze, ale tylko wtedy, kiedy człowiek jest wypełniony Duchem Świętym. Ponieważ ogień Ducha zawsze pozostaje w człowieku, który pełen jest Ducha Świętego, wszystkie jego grzechy i choroby są usunięte, więc człowiek będzie prowadził zdrowe życie.

Kiedy chrzest ognia usuwa przekleństwo choroby, większość chorób zostaje usuniętych; słabości, jednakże nie mogą zostać usunięte, nawet przez chrzest ognia. W jaki sposób zatem można uleczyć słabości?

Słabości mogą zostać uleczone jedynie dzięki mocy danej od Boga. W Ewangelii Jana 9,32-33 czytamy: *"Od wieków nie słyszano, aby ktoś otworzył oczy niewidomemu od urodzenia. Gdyby ten człowiek nie był od Boga, nie mógłby nic czynić."*

W Dziejach Apostolskich 3,1-10 opisana jest scena, w której Piotr i Jan, którzy otrzymali moc Bożą, pomogli wstać osobie kalekiej od urodzenia, która żebrała pod bramą świątyni. Piotr w wierszu 6 rzekł: *"Nie mam srebra ani złota – powiedział Piotr – ale co mam, to ci daję: W imię Jezusa Chrystusa Nazarejczyka, chodź!"*, a następnie wziął kalekę za prawą rękę. Nogi i stopy kalekiego mężczyzny odzyskały siłę, a on zaczął uwielbiać Boga. Kiedy ludzie zobaczyli człowieka, który wcześniej był kaleki, jak chodzi i wielbi Boga, byli zaskoczeni i uradowani.

Jeśli człowiek pragnie otrzymać uzdrowienie, musi posiąść wiarę, dzięki której z całego serca uwierzy w Jezusa. Mimo, że kaleki mężczyzna był jedynie żebrakiem, ponieważ uwierzył w Jezusa, otrzymał uzdrowienie, kiedy ci, którzy otrzymali moc Bożą modlili się za niego. Pisma mówią nam: *„I przez wiarę w Jego imię temu człowiekowi, którego widzicie i którego znacie, imię to przywróciło siły. Wiara /wzbudzona/ przez niego dała mu tę pełnię sił, którą wszyscy widzicie"* (Dz. Ap. 3,16).

W Ewangelii Mateusza 10,1 czytamy, że Jezus dał swoim uczniom moc do wypędzania demonów i uzdrawiani chorób. W czasach Starego Testamentu Bóg dał moc uzdrawiania swoich ukochanym prorokom, takim jak Mojżesz, Eliasz, Elizeusz. W czasach Nowego Testamentu Boża moc była z apostołami, jak Piotr i Paweł oraz wiernymi pracownikami, jak Szczepan i Filip.

Kiedy człowiek otrzymuje moc Bożą nic nie jest niemożliwe, ponieważ może pomagać kalekim, uzdrawiać cierpiących na paraliż dziecięcy, kalekich, niewidomych, głuchych oraz niemych.

2. Różne sposoby, aby uleczyć słabości

1) Moc Boża uzdrowiła głucho-niemego

W Ewangelii Mark 7,31-37 opisana jest scena, w której moc Boża uzdrowiła głucho-niemego. Kiedy ludzie przyprowadzili do Jezusa mężczyznę i błagali Go, aby położył na nim ręce, Jezus wziął go na bok i włożył palce do jego uszu. Następnie splunął i dotknął języka mężczyzny. Spojrzał w górę na niebo i westchnął: *„Ephphatha" (co oznacza „Bądź uzdrowiony")* (w. 34). Natychmiast uszy i usta mężczyzny otworzyły się, i zaczął mówić.

Czy Bóg, który stworzył cały świat swoim słowem, nie mógł uleczyć mężczyzny jedynie poprzez swoje słowo? Dlaczego Jezus włożył mu palce do uszu? Ponieważ osoba głucha nie słyszy dźwięków i komunikuje się językiem migowym, mężczyzna nie byłby w stanie wyznać wiary, jak inni ludzi, gdyby Jezus do niego mówił. Ponieważ Jezus wiedział, że mężczyźnie brakowało wiary, włożył palce do jego uszu, aby poprzez dotyk palców, mężczyzna mógł posiąść wiarę, dzięki której został uzdrowiony. Najważniejszym elementem jest wiara, dzięki której człowiek wierzy, że zostanie uzdrowiony. Jezus mógł uzdrowić mężczyznę słowem, ale ponieważ mężczyzna nie słyszał, Jezus zaszczepił wiarę i pozwolił mężczyźnie przyjąć uzdrowienie w taki sposób.

Dlaczego Jezus splunął i dotknął języka mężczyzny? Fakt, że Jezus splunął świadczy o tym, że złe duchy sprawiły, że mężczyzna był niemy. Jeżeli ktoś splunie ci w twarz bez powodu, jakbyś to przyjął? Jest to zbezczeszczenie i zachowanie niemoralne, które wyraża poniżenie dla drugiej osoby. Ponieważ splunięcie ogólnie symbolizuje brak szacunku, Jezus również splunął, aby wypędzić złe duchy.

W Księdze Rodzaju czytamy o tym, że Bóg przeklął węża, aby jadł pył przez wszystkie dni życia. Innymi słowy, odnosi się to do faktu, że Bóg przeklął diabła i szatana, który posiadł ciało węża, aby z człowieka, który powstał z prochu uczynić ofiarę. Dlatego, od czasu Adama diabeł stara się kusić człowieka i szuka możliwości, aby go prześladować. Tak, jak muchy, komary i czerwy żyją w brudnych miejscach, diabeł mieszka w ludziach, których serca wypełnione są grzechem, złem i nerwowością, czyniąc z ich umysłów niewolników. Musimy uświadomić sobie, że jedynie ci, którzy żyją i zachowują się zgodnie ze słowem Bożym mogą zostać uzdrowieni z chorób.

2) Moc Boża uzdrowiła niewidomego
W Ewangelii Marka 8,22-25 czytamy:

> „Potem przyszli do Betsaidy. Tam przyprowadzili Mu niewidomego i prosili, żeby się go dotknął. On ujął niewidomego za rękę i wyprowadził go poza wieś. Zwilżył mu oczy śliną, położył na niego ręce i zapytał: Czy widzisz co? A gdy przejrzał, powiedział: Widzę ludzi, bo gdy chodzą, dostrzegam ich niby drzewa. Potem znowu położył ręce na jego oczy. I przejrzał /on/ zupełnie, i został uzdrowiony; wszystko widział teraz jasno i wyraźnie."

Kiedy Jezus modlił się za niewidomego, napluł na jego oczy. Dlaczego niewidomy nie odzyskał wzroku po tym, jak Jezus modlił się za niego po raz pierwszy, a dopiero kiedy Jezus pomodlił się za niego po raz drugi? Dzięki mocy Boga Jezus mógł uzdrowić tego człowieka, jednak ponieważ wiara mężczyzny była niewielka, Jezus modlił się za niego dwukrotnie i pomógł mu posiąść wiarę. Dzięki temu Jezus uczy nas, że jeśli ludzie nie zostają uzdrowieni od po otrzymaniu modlitwy, powinniśmy modlić się za nimi dwa, trzy, a nawet dziesięć razy, aż zostanie zaszczepione ziarenko wiary, dzięki któremu będą mogli otrzymać uzdrowienie.

Jezus, dla którego nic nie jest niemożliwe, modlił się i modlił, kiedy wiedział, że niewidomy nie mógł zostać uzdrowiony dzięki wierze. Co powinniśmy czynić? Dzięki błaganiu i modlitwie, powinniśmy wytrwać aż otrzymamy uzdrowienie.

W Ewangelii Jana 9,6-9 opisany jest człowiek, który narodził się niewidomy, a który otrzymał uzdrowienie po tym, jak Jezus napluł na ziemię, zrobił błoto wymieszanie ze śliną i nałożył je na oczy niewidomego. Dlaczego Jezus uzdrowił tego człowieka plując na ziemię, robiąc błoto i nakładając je na oczy chorego? Ślina w tej sytuacji nie odnosi się do niczego nieczystego. Jezus splunął na ziemię, aby móc przygotować błoto i nałożyć je na oczy niewidomego. Jezus splunął, ponieważ wiedział, że woda to za mało. W przypadku oparzenia lub opuchlizny po ukąszeniu robaka, rodzice często nakładają swoją ślinę na ranę dziecka. Musimy zrozumieć miłość naszego Pana, który stosował różne metody, aby pomóc słabym zyskać wiarę.

Kiedy Jezus nałożył błoto na oczy niewidomego, mężczyzna poczuł je na swoich oczach i posiadł wiarę, dzięki której mógł zostać uzdrowiony. Jezus zachęcił tego człowieka, aby uwierzył, mimo, że jego wiara była niewielka, moc Boża otworzyła mu oczy.

Jezus mówi nam: *„Jezus rzekł do niego: Jeżeli znaków i cudów nie zobaczycie, nie uwierzycie"* (Jan 4,48). W dzisiejszych czasach pomaganie ludziom, aby posiedli wiarę, dzięki której uwierzyliby w Biblię jest niemożliwe, dopóki nie będą świadkami cudów uzdrowienia. W czasie, kiedy nauka i wiedza rozwinęły się znacząco, bardzo trudno jest posiąść wiarę duchową, aby uwierzyć w to, co niewidzialne. "Widzieć znaczy wierzyć", często słyszymy. Ponieważ wiara ludzi wzrośnie i uzdrowienia będą miały miejsce w większym stopniu, kiedy ludzie zobaczą dowody żyjącego Boga, cuda i znaki są absolutnie konieczne.

3) Moc Boża uzdrowiła kalekę

Kiedy Jezus głosił dobrą nowinę i uzdrawiał ludzi cierpiących na różne choroby, Jego uczniowie również manifestowali moc Bożą.

Kiedy Piotr powiedział do kalekiego żebraka *"W imieniu Jezusa Nazareńskiego, chodź"* i wziął go za rękę, jego kończyny natychmiast wzmocniły się, zaczął chodzić, a nawet skakać (Dz. Ap. 3,6-10). Kiedy ludzie widzieli znaki i cuda, jakie czynił Piotr dzięki mocy Boga, więcej ludzi wierzyło w Jezusa. Przynosili chorych i kładli ich na ulicach, aby chociaż cień przechodzącego Piotra mógł na nich paść. Tłumy gromadziły się wokół Jerozolimy, przynosząc chorych i opętanych – wszyscy zostali uzdrowieni (Dz. Ap. 5,14-16).

W Dziejach Apostolskich 8,5-8 czytamy: *"Filip przybył do miasta Samarii i głosił im Chrystusa. Tłumy słuchały z uwagą i skupieniem słów Filipa, ponieważ widziały znaki, które czynił. Z wielu bowiem opętanych wychodziły z donośnym krzykiem*

Moc do uzdrawiania dolegliwości • 69

duchy nieczyste, wielu też sparaliżowanych i chromych zostało uzdrowionych. Wielka radość zapanowała w tym mieście." W Dz. Ap. 14,8-12 czytamy o kalekim od urodzenia mężczyźnie, który nigdy nie mógł chodzić. Kiedy wysłuchał poselstwa przekazanego przez Pawła, posiadł wiarę, dzięki której otrzymał zbawienie. Paweł powiedział mu: „Wstań", a mężczyzna natychmiast zaczął chodzić. CI, którzy byli świadkami wydarzenia stwierdzili, że *„bogowie przybyli do nich w postaci ludzkiej"* (w. 11). W Dz. Ap. 19,11-12 czytamy: *„Bóg czynił też niezwykłe cuda przez ręce Pawła, tak że nawet chusty i przepaski z jego ciała kładziono na chorych, a choroby ustępowały z nich i wychodziły złe duchy."* Jakże wspaniała jest moc Boża?

Bóg manifestuje swoją moc nawet dzisiaj poprzez ludzi, którzy uświęcili swoje serca i osiągnęli pełnię miłości, jak Piotr, Paweł, Filip czy Szczepan. Kiedy ludzie przychodzą do Boga z wiarą, pragnąć, aby ich słabości zostały uleczone, mogą również zostać uzdrowieni dzięki modlitwie sług Bożych.

Od czasu założenia kościoła Manmin, żyjący Bóg pozwolił mi manifestować różne znaki i cuda, zaszczepiać wiarę w sercach członków i przynieść ożywienie.

Pewna kobieta była maltretowana przez swojego męża alkoholika. Kiedy jej nerwy wzrokowe zostały sparaliżowane i lekarze porzucili nadzieję, kobieta przyszła do kościoła Manmin, kiedy dowiedziała się o cudach. Brała udział w nabożeństwie i modliła się o uzdrowienie, otrzymała modlitwę i ponownie mogła widzieć. Moc Boża w pełni odnowiła jej nerwy wzrokowe, mimo że wydawało się, iż straciła je na zawsze. Innym razem przyszedł do nas mężczyzna, który cierpiał z powodu poważnego uszkodzenia kręgosłupa. Dolna część jego ciała była sparaliżowana i mało brakowało, aby amputowano mu obie nogi. Kiedy przyjął Jezusa do serca, dostąpił uzdrowienia, uniknął amputacji, aczkolwiek nadal musiał wspierać się na kulach. Następnie zaczął uczęszczać na spotkania modlitewne oraz całonocne uwielbieniowe nabożeństwa piątkowe i dzięki modlitwie mógł zrezygnować z używania kul, zaczął chodzić i został ewangelistą.

Moc Boża może w pełni uleczyć słabości, których medycyna nie jest w stanie uleczyć. W Ewangelii Jana 16,23 Jezus obiecuje nam: „*W owym zaś dniu o nic Mnie nie będziecie pytać. Zaprawdę, zaprawdę, powiadam wam: O cokolwiek byście prosili Ojca, da wam w imię moje.*" Modlę się, abyście uwierzyli w niezwykłą moc Bożą, poszukiwali jej, otrzymali odpowiedzi na modlitwy oraz zostali uzdrowieni, a także zostali ewangelistami dobrej nowiny żyjącego i wszechmocnego Boga.

Rozdział 6

Sposoby na uzdrowienie opętanych przez demony

„Gdy przyszedł do domu,
uczniowie Go pytali na osobności:
Dlaczego my nie mogliśmy go wyrzucić?
Rzekł im: Ten rodzaj można wyrzucić
tylko modlitwą /i postem/."

Mar. 9,28-29

1. W dniach ostatecznych miłość oziębnie

Postęp cywilizacji oraz rozwój przemysłu przyniosły bogactwa materialne i umożliwiły ludziom wygodniej żyć. Tym samym, niniejsze dwa czynniki spowodowały wyobcowanie, egoizm, zdrady oraz kompleks mniejszości wśród ludzi, ponieważ trudno jest znaleźć miłość polegającą na zrozumienia i przebaczeniu. Jak przepowiedziano w Ewangelii Mateusza 24,12: „*a ponieważ wzmoże się nieprawość, oziębnie miłość wielu*", w czasach kiedy wzrasta nieprawość, a miłość ziębnie, jednym z najpoważniejszych problemów w naszym społeczeństwie jest wzrastająca liczba ludzi, cierpiących z powodu chorób psychicznych, jak załamania nerwowe czy schizofrenia.

Szpitale psychiatryczne izolują wielu pacjentów, którzy nie są w stanie prowadzić normalnego życia, lecz nie odkryto jeszcze odpowiedniego leku. Jeśli nie obserwuje się żadnych postępów po kliku latach leczenia, rodziny stają się nieczułe i wielokrotnie ignorują i porzucają pacjentów, jak sieroty. Tacy pacjenci żyją w samotności z daleka od swoich rodzin, więc nie są w stanie funkcjonować tak, jak normalni ludzie. Mimo, że wymagają prawdziwej miłości od swoich ukochanych, niewielu ludzi potrafi rzeczywiście okazać im takie uczucie.

W Biblii czytamy o wielu przypadkach, w których Jezus uzdrowił ludzi opętanych przez demony. Dlaczego takie przykłady zostały opisane w Piśmie Świętym? Ponieważ zbliżają się czasy końca, miłość ziębnie, szatan zwodzi ludzi, powoduje ich cierpienia psychiczne i przyjmuje ich do siebie jako swoje dzieci. Szatan torturuje je, sprawia, że chorują, miesza im w głowach oraz zanieczyszcza ich grzechem. Ponieważ społeczeństwo zatopione jest w grzechu i źle, ludzie łatwo kłócą się, nienawidzą, zazdroszczą, a nawet mordują. Ponieważ zbliżają się czasy końca, chrześcijanie muszą być w stanie odróżnić prawdę od fałszu, pilnować swojej wiary i prowadzić zdrowy styl życia – w kontekście fizycznym i umysłowym.

Przyjrzyjmy się powodom, dla których szatan kusi i prześladuje ludzi, jak również wzrastającej liczbie ludzi opętanych przez szatana i demony oraz cierpiących z powodu chorób psychicznych we współczesnym społeczeństwie, w którym tak dobrze rozwija się nauka i cywilizacja.

2. Proces opętania przez szatana

Każdy ma sumienie i większość ludzi postępuje właśnie zgodnie z nim, jednak nasze standardy i wartości są różne, ponieważ każdy człowiek urodził się i wychował w innym środowisku oraz innych warunkach, widział, słyszał i nauczył się różnych rzeczy od rodziców, w domu, w szkole; zarejestrował też zupełnie różne informacje.

Z jednej strony Słowo Boga, które jest prawdą mówi: „*Nie daj się zwyciężyć złu, ale zło dobrem zwyciężaj*" (Rzym. 12,21), i zachęca nas: „*Nie stawiajcie oporu złemu. Lecz jeśli cię kto uderzy w prawy policzek, nadstaw mu i drugi!*" (Mat. 5,39). Ponieważ słowo naucza nas miłości i przebaczenia, standard osądu o treści „przegrana oznacza zwycięstwo" zostanie przyjęty przez tych, którzy wierzą. Z drugiej strony, jeśli ktoś nauczył się, że powinien mścić się, kiedy zostanie uderzony, może dojść do wniosku, że opór oznacza odwagę, podczas gdy unik bez oporu byłby tchórzostwem. Trzy czynniki – własny osąd każdego człowieka, to, czy ktoś żył życiem sprawiedliwym czy niesprawiedliwym, oraz jak wiele poświęcił na świecie – będą miały wpływ na ukształtowanie sumienia u ludzi.

Ponieważ ludzi prowadzą życie w różny sposób, ich sumienie różni się, więc wróg używa go, aby zwieść ludzi, aby żyli zgodnie ze swoją grzeszną naturą, przeciwnie do sprawiedliwości i dobroci, nakręcając swoje złe myśli, które motywują nas do grzechu.

W sercach ludzkich istnieje konflikt między pragnieniem Ducha Świętego, dzięki któremu możemy żyć zgodnie z prawem Boga, a pragnieniem ludzkiej grzesznej natury, przez którą ludzie są zmuszeni do podążania za pragnieniami ciała. Dlatego w Liście do Galatów 5,16-17 Bóg zachęca nas: *„Oto, czego uczę: postępujcie według ducha, a nie spełnicie pożądania ciała. Ciało bowiem do czego innego dąży niż duch, a duch do czego innego niż ciało, i stąd nie ma między nimi zgody, tak że nie czynicie tego, co chcecie."* Jeśli żyjemy w zgodzie z Duchem Świętym, odziedziczymy królestwo Boże; jeśli natomiast podążamy za pragnieniami grzesznej natury i nie postępujemy zgodnie ze słowem Boga, nie odziedziczymy królestwa. Dlatego Bóg ostrzega nas w Gal. 5,19-21:

„Jest zaś rzeczą wiadomą, jakie uczynki rodzą się

z ciała: nierząd, nieczystość, wyuzdanie, uprawianie bałwochwalstwa, czary, nienawiść, spór, zawiść, wzburzenie, niewłaściwa pogoń za zaszczytami, niezgoda, rozłamy, zazdrość, pijaństwo, hulanki i tym podobne. Co do nich zapowiadam wam, jak to już zapowiedziałem: ci, którzy się takich rzeczy dopuszczają, królestwa Bożego nie odziedziczą."

W jaki sposób ludzie stają się opętani przez demony?

Przez ludzkie myśli szatan kieruje pragnieniami grzesznej natury, szczególnie w przypadku ludzi, których serca pełne są grzechu. Jeśli człowiek nie jest w stanie kontrolować swoje umysłu i postępuje zgodnie ze swoją grzeszną naturą, przyzwyczaja się do poczucia winy w swoim sercu i staje się coraz bardziej złym człowiekiem. Kiedy uczynki grzesznej natury nagromadzą się, w końcu człowiek nie będzie w stanie się kontrolować i będzie postępować zgodnie z wolą szatana. Takie osoby są opętane przez szatana.

Na przykład, załóżmy, że jest pewien leniwy człowiek, który nie lubi pracować, lecz woli pić i tracić czas. W przypadku takiej osoby, szatan będzie ją podjudzał i kontrolował jej umysł, aby nadal piła i traciła czas w przekonaniu, że praca jest obciążeniem. Szatan odwiedzie ją od jakichkolwiek dobrych myśli i prawdy, ograbi z energii do rozwijania się oraz przemieni ją w niekompetentną i bezużyteczną osobę.

Kiedy taka osoba żyje i postępuje tak, jak zapragnie szatan, nie będzie w stanie mu uciec. Co więcej, ponieważ jej serce będzie coraz bardziej wypełnione złem, podda się złym myślom, i zamiast kontrolować swoje serce, będzie robić, co tylko zapragnie. Kiedy będzie chciała się zezłościć, zezłości się dla własnego zadowolenia. Jeśli zechce się kłócić lub bić, będzie to robił, kiedy najdzie go ochota; jeśli będzie miał ochotę pić, będzie pił bez ustanku. Kiedy takie czyny nagromadzą się, od pewnego momentu taka osoba nie będzie w stanie kontrolować swoich myśli, ani swojego serca, a wszystko będzie się jej wydawało niezgodne z jej wolą. Taka osoba staje się opętana przez demona.

3. Powód opętania przez demona

Są dwa główne powody, dla których ktoś może zostać opętany przez demony.

1) Rodzice

Jeśli rodzice żyją z dala od Boga, czczą bożki, których Bóg nienawidzi i uważa za ohydne, lub jeśli zrobili coś wyjątkowo złego, wtedy moce złych duchów przenikną ich dzieci i jeśli nikt nie będzie tego kontrolować, dzieci zostaną opętane przez demony. W takich przypadkach, rodzice muszą przyjść do Boga, szczerze żałować za grzechy, odwrócić się z grzesznych dróg i błagać Boga w imieniu swoich dzieci o uzdrowienie. Bóg zna serca rodziców i uzdrowi dzieci, uwalniając je z łańcuchów niesprawiedliwości.

2) Sam człowiek

Bez względu na grzechy rodziców, osoba może zostać opętana przez demony z powodu własnego fałszu, zła, dumy i innych grzechów. Jeśli osoba nie potrafi się modlić, ani żałować swojego grzechu, sługa Boży może się za nią modlić, a wtedy Bóg okaże swoją moc i uwolni człowieka z łańcuchów niesprawiedliwości. Kiedy demony zostaną wypędzone i człowiekowi wraca rozum, należy uczyć go słowa Bożego, aby jego serce kiedyś pełne złą i grzechu, zostało wypełnione prawdą.

Dlatego, jeśli jeden z członków rodziny lub krewnych został opętany przez demona, rodzina musi wyznaczyć osobę, która będzie modlić się za tego człowieka. Ponieważ serce i umysł osoby opętanej przez demona są kontrolowane przez demony, człowiek ten nie jest w stanie zrobić niczego zgodnie ze swoją wolą. Nie może modlić się, ani słuchać słowa prawdy, ani tym bardziej żyć zgodnie z nim. Dlatego, cała rodzina lub chociaż jedna osoba z rodzinny powinni się modlić za tę osobę w miłości i współczuciu, aby opętany mógł żyć życiem wiary. Kiedy Bóg widzi poświęcenie i miłość rodziny, uzdrawia takiego człowieka. Jezus powiedział nam, abyśmy kochali naszych bliźnich jak samych siebie (Łuk. 10,27). Jeśli nie jesteśmy w stanie modlić się, ani poświęcić dla członka naszej rodziny, opętanego przez demona, jak możemy nawet mówić o miłości do bliźniego?

Kiedy rodzina i przyjaciele osoby opętanej przez demona określą powód, żałują za grzechy, modlą się w wierze w moc Bożą, oddają się w miłości oraz zaszczepiają ziarno wiary, wtedy moce demonów zostaną odsunięte, a ich ukochana osoba zmieni się w człowieka wiary, którego Bóg będzie ochraniał przed demonami.

4. Sposoby uzdrawiania ludzi opętanych przez demony

W wielu częściach Biblii są opisy uzdrowień ludzi opętanych przez demony. Przyjrzyjmy się, w jaki sposób ludzi ci otrzymali uzdrowienie.

1) Musisz odeprzeć moce demonów

W Ewangelii Marka 5,1-20 czytamy na temat człowieka opętanego przez nieczystego ducha. Wiersze 3-4 opisują mężczyznę: „*Mieszkał on stale w grobach i nawet łańcuchem nie mógł go już nikt związać. Często bowiem wiązano go w pęta i łańcuchy; ale łańcuchy kruszył, a pęta rozrywał, i nikt nie zdołał go poskromić.*" Dowiadujemy się również z Ewangelii Marka 5,5-7, że: „*Wciąż dniem i nocą krzyczał, tłukł się kamieniami w grobach i po górach. Skoro z daleka ujrzał Jezusa, przybiegł, oddał Mu pokłon i zawołał wniebogłosy: Czego chcesz ode mnie, Jezusie, Synu Boga Najwyższego? Zaklinam Cię na Boga, nie dręcz mnie!*"

Była to reakcja na słowa Jezusa: „*Wyjdź z niego, duchu nieczysty*" (w. 8). Ta scena pokazuje nam, że mimo iż ludzie nie wiedzieli, że Jezus był synem Bożym, nieczyste duchy wiedziały dokładnie, kim był Jezus oraz jaką moc posiadał. Jezus zapytał ducha, jak ma na imię, a ten odpowiedział: „*Mam na imię Legion, bo jest nas wielu*" (w. 9). Również błagał Jezusa, aby nie wyganiał go z tamtego obszaru, lecz aby wypędził go w świnie. Jezus nie pytał ducha o imię, dlatego, że go nie znał; zapytał go jak sędzia przesłuchujący nieczystego ducha. Co więcej, Legion oznacza wielką liczbę demonów, które trzymały tego człowieka w niewoli.

Jezus pozwolił Legionowi wejść w stado świń, które zbiegły z brzegu rzeki i utonęły. Kiedy wypędzamy demony, musimy czynić to słowem prawdy, którego symbolem jest woda. Kiedy ludzie zobaczyli człowieka, którego nie można było powstrzymać mocą ludzką, w pełni uzdrowionego, ubranego i zachowującego się normalnie, wystraszyli się.

W jaki sposób dziś powinniśmy wyganiać demony? Należy wyganiać je w imieniu Jezusa do wody, która symbolizuje Słowo lub ognia, który symbolizuje Ducha Świętego, aby utraciły swoją moc. Jednak ponieważ demony są istotami duchowymi, tylko wtedy kiedy osoba, która pragnie wypędzić demona modli się. Kiedy osoba, która nie ma wiary próbuje wypędzić demona, demony mogą ją wyśmiewać i poniżać. Dlatego, aby wypędzić demona z opętanego człowieka, człowiek Boży z mocą do wypędzania demonów musi gorliwie się modlić.

Jednakże może się zdarzyć, że nie uda się wygnać demona w imieniu Jezusa Chrystusa, ponieważ człowiek opętany bluźnił lub wypowiadał się przeciwko Duchowi Świętemu (Mat. 12,31;

Łuk. 12,10). Nie ma możliwości uzdrowienia niektórych osób opętanych, które celowo grzeszą, nawet po tym, kiedy poznały prawdę (Hebr. 10,26).

Ponadto, w Liście do Hebrajczyków 6,4-6 napisano: *"Niemożliwe jest bowiem tych – którzy raz zostali oświeceni, a nawet zakosztowali daru niebieskiego i stali się uczestnikami Ducha Świętego, zakosztowali również wspaniałości słowa Bożego i mocy przyszłego wieku, a /jednak/ odpadli – odnowić ku nawróceniu. Krzyżują bowiem w sobie Syna Bożego i wystawiają Go na pośmiewisko."*

Teraz, kiedy już o tym wiemy, musimy uważać, abyśmy nigdy nie popełnili grzechów, za które nie można otrzymać przebaczenia. Musimy rozróżniać dzięki prawdzie, czy ktoś, kto jest opętany przez demona może zostać uzdrowiony dzięki modlitwie.

2) Uzbrój się w prawdę

Kiedy demony zostaną wypędzone, ludzie muszą wypełnić swoje serca życiem i prawdą, czytając Słowo Boże, uwielbiając oraz modląc się. Nawet jeśli demony zostały wypędzone, jeśli ludzie nadal będą grzeszyć i nie uzbroją się w prawdę, wypędzone demony mogą powrócić w towarzystwie innych nawet jeszcze gorszych. Pamiętajmy, że stan człowieka będzie jeszcze gorszy niż za pierwszym razem, kiedy był opętany przez demony.

W Ewangelii Mateusza 12,43-45 Jezus mówi następujące słowa:

„Gdy duch nieczysty opuści człowieka, błąka się po miejscach bezwodnych, szukając spoczynku, ale nie znajduje. Wtedy mówi: Wrócę do swego domu, skąd wyszedłem; a przyszedłszy zastaje go nie zajętym, wymiecionym i przyozdobionym. Wtedy idzie i bierze z sobą siedmiu innych duchów złośliwszych niż on sam; wchodzą i mieszkają tam. I staje się późniejszy stan owego człowieka gorszy, niż był poprzedni. Tak będzie i z tym przewrotnym plemieniem."

Demony nie mogą zostać wypędzone bezmyślnie. Ponadto, po wypędzeniu demonów, przyjaciele i rodzina osoby, która była opętana powinni zrozumieć, że taka osoba wymaga opieki w większą miłością niż kiedykolwiek. Muszą opiekować się nią w poświęceniu oraz oddaniu, oraz uzbroić ją w prawdę aż do pełnego uzdrowienia.

5. Wszystko jest możliwe dla tego, kto wierzy

W Ewangelii Marka 9,17-27 czytamy o opętanym młodzieńcu, który został uzdrowiony przez Jezusa, a którego demon pozbawił mowy i powodował epilepsję, widząc wiarę jego ojca. Przyjrzyjmy się, w jaki sposób syn otrzymał uzdrowienie.

1) Rodzina musi okazać wiarę

Syn w Ewangelii Marka 9 był niemy i głuchy od dzieciństwa,

ponieważ był opętany przez demona. Nie rozumiał ani słowa i nie było możliwości się z nim komunikować. Co więcej, trudno było określić, kiedy i gdzie wystąpią objawy epilepsji. Jego ojciec żył w ciągłym strachu i cierpieniu, straciwszy nadzieję na wszystko.

Wtedy ojciec usłyszał o człowieku z Galilei, który czynił cuda i wskrzeszał z martwych oraz uzdrawiał choroby. Promień nadziei pojawił się w sercu zrozpaczonego mężczyzny. Jeśli to prawda, ten mężczyzna mógł uzdrowić jego syna. W poszukiwaniu szczęścia, ojciec przyprowadził syna do Jezusa i powiedział: „*Lecz jeśli możesz co, zlituj się nad nami i pomóż nam!*" (Mar. 9,22).

Słysząc prośbę ojca, Jezus powiedział: „*Jeśli możesz? Wszystko jest możliwe dla tego, kto wierzy*" (w. 23) i napomniał ojca za jego niewielką wiarę. Ojciec usłyszał wiadomości, lecz nie uwierzył w nie w swoim sercu. Gdyby ojciec był świadomy tego, że Jezus Syn Boży był wszechmocny i że jest prawdą sam w sobie, nie użyłby słowa „jeśli." Aby nauczyć nas, że nie jest możliwe zadowolenie Boga, jeśli nie posiada się wiary, oraz że niemożliwe jest otrzymanie odpowiedzi na modlitwę, jeśli nie posiada się pełni wiary, dzięki której człowiek może uwierzyć, Jezus powiedział „Jeśli możesz?" jako napomnienie za słabą wiarę.

Wiarę można podzielić na dwa rodzaje. Wiara cielesna lub wiara związana z wiedzą, kiedy ktoś wierzy, jeśli widzi. Ten rodzaj wiary, który występuje jeśli ktoś wierzy, nawet jeśli nie widzi to wiara duchowa, prawdziwa wiara, żywa wiara lub wiara, której towarzyszą uczynki. Taka wiara może stworzyć coś z niczego. Definicja wiary zgodnie z Biblią to: „*Wiara zaś jest poręką tych dóbr, których się spodziewamy, dowodem tych rzeczywistości, których nie widzimy"* (Hebr. 11,1).

Kiedy ludzie cierpią z powodu chorób nieuleczalnych, mogą zostać uzdrowieni, kiedy ich choroby wypali ogień Ducha Świętego, jeśli okażą wiarę i zostaną wypełnienie Duchem Świętym. Jeśli osoba początkująca w wierze zachoruje, może zostać uzdrowiona, kiedy otworzy swoje serca, wysłucha Słowa i okaże wiarę. Kiedy dojrzały chrześcijanin zachoruje, zostanie uzdrowiony, jeśli odda się skrusze.

Kiedy ludzie cierpią z powodu chorób nieuleczalnych, muszą okazać wielką wiarę. Kiedy dojrzały chrześcijanin zachoruje, może zostać uzdrowiony, gdy otworzy swoje serce, będzie żałować za grzechy i odda się modlitwie. Jeśli ktoś, kto ma słabą wiarę lub wcale nie wierzy zachoruje, nie zostanie uzdrowiony dopóki nie otrzyma wiary i dzięki wzrastającej wierze, działanie uzdrowienia uleczyło z choroby.

Osoby niepełnosprawne fizycznie, których ciała są zdeformowane oraz ludzie chorzy na choroby dziedziczne mogą być uzdrowieni jedynie dzięki cudowi Bożemu. Dlatego, muszą pokazać Bogu oddanie oraz wiarę, dzięki której mogą Go kochać i przynosić Mu radość. Tylko wtedy Bóg uzna ich wiarę i dokona uzdrowienia. Kiedy ludzie okazują szczerą wiarę w Boga – tak jak Bartymeusz wołał do Jezusa (Mar. 10,46-52), tak jak setnik okazał wiarę Jezusowi (Mat. 8,5-13), oraz tak jak paralityk i jego przyjaciele okazali wiarę i oddanie – (Mar. 2,3-12) – Bóg da im uzdrowienie.

Jeśli ludzi opętanych nie da się uzdrowić bez działania mocy Bożej, aby uzdrowienie zeszło z nieba, członkowie rodziny muszą wierzyć we wszech mocnego Boga i przyjść do Niego.

2) Ludzie muszą posiadać wiarę, dzięki której uwierzą w Boga

Ojciec chłopca, który przez długi czas był opętany przez demona został napomniany przez Jezusa za słabą wiarę. Kiedy Jezus powiedział, że „*Wszystko jest możliwe dla tego, kto wierzy*" (Mar.9,23), ojciec wyznał: „Wierzę." Jednak jego przekonanie było ograniczone do wiedzy. Dlatego właśnie ojciec błagał Jezusa: „*Pomóż mojemu niedowiarstwu*" (Mar.9,24).

Słysząc błaganie ojca i jego modlitwę, widząc jego szczere serce i wiarę Jezus wiedział – Jezus dał ojcu wiarę dzięki której mógł uwierzyć.

Tym samym, wołając do Jezusa, możemy otrzymać wiarę, dzięki której możemy wierzyć i z taka wiarą otrzymamy odpowiedzi na nasze problemy, a niemożliwe stanie się możliwym.

Kiedy ojciec otrzymał wiarę, dzięki której mógł uwierzyć, gdy Jezus rozkazał: „*Duchu głuchy i niemy, rozkazuje ci, wyjdź z niego i nigdy nie wracaj*", duch opuścił chłopca (Mar. 9,25-27). Ojciec błagał o wiarę, dzięki której mógł uwierzyć. Pragnął Bożego działania – nawet kiedy Jezus napomniał go – Jezus uzdrowił chłopca.

Jezus odpowiedział na błaganie i całkowicie uzdrowił chłopca opętanego przez ducha, który odebrał mu mowę; chłopca, który dodatkowo cierpiał na epilepsję, więc kiedy przewracał się, piana toczyła mu się z ust, zagryzał zęby i stawał się sztywny. W taki razie, czy w przypadku osób, które w Niego wierzą i wierzą w moc Bożą, dzięki której wszystko jest możliwe, żyją zgodnie z Jego słowem, czy On nie sprawi, że będzie im się wiodło i będą zdrowi?

Krótko po założeniu kościoła Manmin, młody mężczyzna z prowincji Gang-won odwiedził kościół, ponieważ usłyszał o nas. Młodzieniec myślał, że w pełni służy Bogu jako nauczyciel szkoły niedzielnej oraz członek chóru. Jednakże, ponieważ był bardzo dumny i nie wyrzucił zła ze swojego serca, lecz zamiast tego gromadził grzechu, młody człowiek cierpiał, ponieważ demon wszedł w jego nieczyste serce i zaczął je kontrolować. Działanie uzdrowienia miało miejsce dzięki szczerej modlitwie i oddaniu jego ojca. Po określeniu tożsamości demona oraz wypędzeniu go dzięki modlitwie, widzieliśmy, że młody mężczyzna upadł na ziemię z pianę na ustach, skręcał się i bardzo śmierdział. Po tym wypadku, życie młodzieńca zostało przemienione, założył zbroję prawdy i oddał się Bogu. Obecnie wiernie służy w swoim kościele w Gang-won i oddaje chwałę Bogu, dzieląc się świadectwem o swoim uzdrowieniu z wieloma ludźmi.

Modlę się, abyś zrozumiał, drogi czytelniku, wymiar działania Bożego oraz, że wszystko jest możliwe dzięki Jego mocy, abyś kiedy modlisz się nie tylko otrzymał Boże błogosławieństwa, ale również został uświęcony i prowadził szczęśliwe życie.

Rozdział 7

Wiara trędowatego Naamana i Jego posłuszeństwo

„Przybył tedy Naaman
ze swoimi końmi i ze swoim wozem
i stanął przed drzwiami domu Elizeusza.
Wtedy Elizeusz wysłał do niego posłańca z takimi poleceniem:
Idź i obmyj się siedem razy w Jordanie,
a twoje ciało wróci do zdrowia i będziesz czysty.
Poszedł więc i zanurzył się
w Jordanie siedem razy według słowa męża Bożego,
a wtedy jego ciało stało się znowu czyste
jak ciało małego dziecka."

2 Król. 5,9-10; 14

1. Generał wojsk Naaman zachorował na trąd

W trakcie naszego życia napotykamy na mniejsze i większe problemy. Jednak czasami mamy do czynienia z problemem, który wydaje się być poza naszymi możliwościami.

W kraju o nazwie Aram, który znajduje się na północ od Izraela, żył dowódca armii o imieniu Naaman. Prowadził armię swojego kraju do zwycięstwa nawet w najgorszych chwilach. Naaman kochał swój kraj i wiernie służył królowi. Mimo, że król wysoko cenił Naamana, przywódca przeżywał katusze, z powodu tajemnicy, o której nikt nie wiedział.

Jaki był powód jego cierpienia? Naaman cierpiał nie dlatego, że był biedy lub nie był popularny. Naaman był strapiony i nieszczęśliwy, ponieważ miał trąd, nieuleczalną chorobę, na którą nie było żadnego lekarstwa.

W czasach Naamana ludzie, którzy chorowali na trąd byli uznani za nieczystych. Byli zmuszeni żyć w odłączeniu poza granicami miasta. Cierpienie Naamana było tym trudniejsze do zniesienia, ponieważ oprócz bólu inne problemy towarzyszyły chorobie. Objawami choroby były krosty na ciele, szczególnie na twarzy, na zewnętrznej stronie rąk i nóg, na stopach, jak również niszczenie skóry. W ciężkich przypadkach powieki, paznokcie u rąk i nóg odpadały i wygląd człowieka stawał się odrażający.

Pewnego dnia Naaman, który cierpiał z powodu nieuleczalnej choroby i nie był w stanie cieszyć się życiem usłyszał dobrą nowinę. Według młodej dziewczyny, która była niewolnicą z Izraela i służyła żonie Naamana, w Samarii był pewien prorok, który mógł uleczyć Naamana. Ponieważ nie było nic, czego Naaman nie zrobił, aby wyleczyć się z trądu, Naaman powiedział królowi o swojej chorobie oraz o tym, co powiedziała mu służąca. Król, słysząc, że jego wierny generał może zostać uleczony, jeśli uda się do proroka z Samarii, chętnie zgodził się na jego wyjazd, a nawet napisał list do króla Izraela w jego imieniu.

Naaman ruszył w podróż do Izraela z dziesięcioma talentami srebra, sześcioma tysiącami szekli złota oraz dziesięcioma szatami i listem królewskim, który brzmiał: „*Gdy ten list dotrze do ciebie to wiedz, że to ja wysłałem do ciebie Naamana, mojego sługę, abyś go uleczył z jego trądu*" (w. 6). W tamtym czasie Aram był silniejszym narodem niż Izrael. Przeczytawszy list od króla Aramu, król Izraela rozdarł swoje szaty i powiedział: „*Czy ja jestem bogiem? Dlatego ten człowiek wysyła do mnie kogoś, abym uleczył go z trądu? Widzicie, jak próbuje wejść ze mną w konflikt*" (w. 7).

Kidy izraelski prorok Elizeusz usłyszał wieści, przyszedł do króla i powiedział: „*Dlaczego rozdarłeś swoje szaty? Niech tamten przyjdzie do mnie i dowie się, że jest prorok w Izraelu*" (w. 8). Kiedy król Izraela wysłał Naamana do domu Elizeusza, prorok nie przywitał go osobiście, lecz wysłał posłańca: „*Idź i obmyj się siedem razy w Jordanie, a twoje ciało wróci do zdrowia i będziesz czysty*" (w. 10).

Jakże dziwne musiało się to wydać Naamanowi, który przybył do domu Elizeusza z końmi i swoim powozem, aby dowiedzieć się, że prorok nie wyszedł mu na spotkanie? Generał musiał być zły. Zapewne spodziewał się należnego przywitania ze strony

Elizeusza, skoro przywódca silniejszego państwa przybył mu na spotkanie. Zamiast tego Naaman został chłodno przyjęty i kazano mu siedem razy obmyć się z małej i brudnej rzece Jordan. W gniewie, Naaman pomyślał, że woli wrócić do domu: *„Oto myślałem sobie, że wyjdzie, stanie przede mną, potem wezwie imienia Pana, Boga swego, podniesie swoją rękę na chorym miejscem i usunie trąd. Czy rzeki damasceńskie Abama i Parpar nie są lepsze od wszystkich wód izraelskich? Czy nie mogłem w nich się obmyć i oczyścić?"* (w.11-12). Kiedy przygotowywał się do podróży powrotnej, jego słudzy błagali go: *„Ojcze, gdyby prorok nakazał ci coś trudnego, czy nie uczyniłbyś tego? Tym bardziej więc powinieneś to uczynić, gdy ci powiedział: Obmyj się, a będziesz czysty"* (w. 13). Zachęcili swojego Pana, aby posłuchał nakazów Elizeusza.

Co stało się, kiedy Naaman zanurzył się siedem razy w Jordanie tak, jak nakazał Elizeusz? Jego ciało stało się czyste jak ciało dziecka. Trąd, który sprawiał Naamanowi tyle cierpienia, zniknął. Kiedy choroba niemożliwa do uleczenia przez człowieka, został uleczona dzięki posłuszeństwu Bogu, generał uznał żyjącego Boga oraz Elizeusza jako człowieka od Boga.

Po doświadczeniu mocy żyjącego Boga – Boga Uzdrowiciela z trądu – Naaman wrócił do Elizeusza i wyznał: *„Oto teraz wiem, że nie ma na całej ziemi Boga, jak tylko w Izraelu, Przyjmij teraz zatem dar dziękczynny od swojego sługi. Lecz on odpowiedział: Jako żyje Pan przed którego obliczem stoję, że nic nie przyjmę. A choć nalegał nań, aby przyjął, stanowczo odmówił. Naaman zaś rzekł: Jeżeli nie, to niech dadzą twemu* słudze tyle ziemi, ile udźwignie para mułów, gdy sługa twój nie będzie już składał ofiar całopalnych ani krwawych innym bogom, jak tylko Panu" i oddał chwałę Bogu (2 Król. 5,15-17).

2. Wiara i uczynki Naamana

Przyjrzyjmy się wierze i uczynkom Naamana, który spotkał Boga Uzdrowiciela i został uzdrowiony z nieuleczalnej choroby.

1) Dobre sumienie Naamana

Niektórzy ludzie bezgranicznie przyjmują i wierzą słowom innych ludzi, podczas gdy inni wątpią i nie ufają w słowa ludzi. Ponieważ sumienie Naamana było dobre, nie pogardzał słowami innych ludzi, jednak przyjmował je. Mógł udać się do Izraela, wysłuchać słów proroka i zostać uzdrowiony, ponieważ nie zlekceważył i uwierzył słowom młodej służącej jego żony. Kiedy dziewczyna, która została niewolnicą powiedziała żonie Naamana: *„Ach gdyby to pan mój zetknął się pewnego razu z prorokiem, który mieszka w Samarii to by go wnet uleczył z trądu"* (w. 5), Naaman uwierzył jej. Wyobraź sobie, że jesteś na miejscu Naamana. Co byś zrobił? Czy w pełni przyjąłbyś te słowa?

Mimo postępu dzisiejszej medycyny, jest wiele chorób względem których medycyna jest bezsilna. Jeśli powiedziałbyś innym ludziom, że zostałeś uzdrowiony z nieuleczalnej choroby przez Boga lub dzięki modlitwie, jak wiele osób by ci uwierzyło? Naaman uwierzył w słowa małej dziewczynki, udał się do króla po zgodę, pojechał do Izraela i został uzdrowiony z trądu. Innymi słowy, ponieważ Naaman miał dobre sumienie, przyjął słowa dziewczynki, która głosiła mu poselstwo. Musimy sobie uświadomić, że dzięki przekazanej nam ewangelii, możemy otrzymać rozwiązanie naszych problemów, jeśli uwierzymy w siłę modlitwy oraz przyjdziemy przed oblicze Boga tak, jak Naaman.

2) Naaman zwalczył swoje myśli

Kiedy Naaman udał się do Izraela wraz z listem od króla i przybył do domu Elizeusza, proroka, który miał go uzdrowić z trądu, został chłodno przyjęty. Naaman zdenerwował się na Elizeusza, który w oczach Naamana nie miał żadnej sławy ani statusu społecznego, a jednak nie przywitał wiernego sługi króla Aramu i przekazał Naamanowi przez posłańca, aby obmył się siedem razy w Jordanie. Naaman zdenerwował się, ponieważ został wysłany osobiście przez króla Aramu. Co więcej, Elizeusz nawet nie położył ręki na plamach, aby oczyścić Naamana, a zamiast tego kazał mu obmyć się w małej i brudnej rzece Jordan.

Naaman rozgniewał się na Elizeusza i jego zachowanie, którego zwyczajnie nie potrafił zrozumieć. Przygotowywał się do podróży powrotnej, myśląc, że u niego w kraju były większe i bardziej czyste rzeki i że mógł zostać w nich oczyszczony z choroby. W tamtej chwili, słudzy Naamana zachęcali go, aby posłuchał nakazu Elizeusza i zanurzył się w Jordanie.

Ponieważ Naaman miał dobre serce, nie postąpił zgodnie ze swoimi myślami, lecz posłuchał proroka i udał się nad Jordan. Wśród ludzi o statusie społecznym takim jak miał Naaman, jak wielu skruszyłoby się i posłuchało sług lub innych osób o niższej od nich pozycji?

W Iz. 55,8-9 czytamy: *„Bo myśl moje, to nie myśli wasze, a drogi moje, to nie drogi wasze mówi Pan – lecz jak niebiosa są wyższe niż ziemia, tak moje drogi są wyższe niż drogi wasze, a myśli moje są wyższe niż myśli wasze"*, jeśli mocno trzymamy się myśli i teorii ludzkich, nie możemy przestrzegać słowa Bożego. Przypomnijmy sobie, jak skończył Saul, który nie był posłuszny Bogu. Jeśli słuchamy ludzkich myśli i nie jesteśmy posłuszni woli Bożej, jest to nieposłuszeństwo, a jeśli nie zauważamy naszego nieposłuszeństwa, musimy pamiętać, że Bóg porzuci i odrzuci nas tak, jak porzucił króla Saula.

W 1 Samuela 15,22-23 czytamy: *„Samuel odpowiedział: Czy takie ma Pan upodobanie w całopaleniach i rzeźnych ofiarach, czy w posłuszeństwie dla głosu Pana: oto posłuszeństwo lepsze jest niż ofiara, a uważne słuchanie lepsze jest niż tłuszcz barani. Gdyż nieposłuszeństwo jest takim samym grzechem jak czary, krnąbrność, bałwochwalstwo i oddawanie czci obrazom. Ponieważ wzgardziłeś rozkazem Pana, i on wzgardził tobą i nie będziesz królem."* Naaman przemyślał sprawę i postanowił zwalczyć swoje myśli i postąpić zgodnie z instrukcjami Elizeusza, męża Bożego.

Tak samo my musimy pamiętać, że jedynie kiedy odrzucimy nieposłuszeństwo z serca i wypełnimy serca posłuszeństwem zgodnie z wolą Bożą, będziemy mogli osiągnąć pragnienia naszego serca.

3) Naaman posłuchał słów proroka

Postępując zgodnie z poleceniem Elizeusza, Naaman wszedł do rzeki Jordan i obmył się. Było wiele innych szerszych i czystszych rzek niż Jordan, jednak polecenie Elizeusza, aby Naaman wszedł do rzeki Jordan niosło ze sobą duchowe znaczenie. Rzeka Jordan symbolizuje zbawienie, podczas gdy woda symbolizuje słowo Boże, które oczyszcza ludzi z grzechu i pozwala im osiągnąć zbawienie (Jan 4,14). Dlatego Elizeusz chciał, aby Naaman obmył się w Jordanie, dzięki czemu mógł zyskać zbawienie. Bez względu na to, o ile czystsze i większe były inne rzeki, nie gwarantują ludziom zbawienia i nie mają nic wspólnego z Bogiem, co oznacza, że nie może być przez nie wykonane dzieło Boże.

Jezus mówi nam w Ewangelii Jana 3,5: *„Zaprawdę, zaprawdę powiadam ci, jeśli się kto nie narodzi z wody i z ducha, nie może wejść do królestwa Bożego"*, poprzez obmycie się w rzece Jordan, dla Naamana otwarła się ścieżka, aby mógł otrzymać przebaczenie grzechów oraz zbawienie i spotkać się z Bogiem.

Dlaczego w takim razie, Elizeusz powiedział Naamanowi, aby obmył się siedem razy. Liczba siedem jest pełną liczbą oznaczającą doskonałość. Nakazując Naamanowi obmyć się siedem razy, Elizeusz umożliwił mu przyjęcie zbawienia i zagłębienie się w Słowie Bożym. Jedynie wtedy Bóg, dla którego wszystko jest możliwe, zamanifestował swoje dzieło uzdrowienia i uleczył nieuleczalną chorobę.

Dlatego, dowiadujemy się, że Naaman dostąpił uzdrowienia, bez względu na to, jak bardzo bezsilna była wtedy medycyna, ponieważ posłuchał słowa proroka. Biblia mówi nam: „*Bo Słowo Boże jest żywe, skuteczne, ostrzejsze niż wszelki miecz obosieczny, przenikające aż do rozdzielenia duszy i ducha, stawów i szpiku, zdolne osądzić zamiary i myśli serca, i nie ma stworzenia, które by się mogło ukryć przed nim, przeciwnie, wszystko jest obnażone i odsłonięte przed oczami tego, przed którym musimy zdać sprawę*" (Hebr. 4,12-13).

Naaman poszedł przed oblicze Boga, dla którego nie było nic niemożliwego, oczyścił swoje myśli, skruszył się i był posłuszny Jego woli. Kiedy Naaman zanurzył się siedem razy w rzece Jordan, Bóg widział jego wiarę, uleczył go z trądu, i ciało Naamana zostało odnowione i oczyszczone, jak ciało młodego chłopca.

Ukazując nam wyraźny dowód, który wykazał, że uzdrowienie z trądu było jedynie możliwe dzięki Jego mocy, Bóg mówi nam, że każda nieuleczalna choroba może zostać uleczona, jeśli sprawiamy przyjemność Bogu naszą wiarą, której towarzyszą uczynki.

3. Naaman oddaje chwałę Bogu

Kiedy Naaman został uzdrowiony z trądu, wrócił do Elizeusza i wyznał: „Wiem, że nie ma innego boga na świecie, poza Bogiem Izraela...twój sługa nie złoży już nigdy ofiary całopalnej żadnemu innemu Bogu, tylko Panu" i oddał chwałę Bogu.

W Ewangelii Łukasza 17,11-19 jest opisana scena, w której dziesięciu ludzi spotkało Jezusa i zostało uleczonych z trądu. Jedynie jeden z nich wrócił do Jezusa, chwaląc Boga na głos i rzucając się do stóp Jezusa z podziękowaniem. W wersetach 17-18 Jezus zapytał: „*Czyż nie dziesięciu zostało oczyszczonych? A gdzie jest dziewięciu? Czyż nikt się nie znalazł, któryby wrócił i oddał chwałę Bogu tylko ten cudzoziemiec?*" W kolejnych wersecie, Jezus powiedział mężczyźnie: „*Wstań i idź. Wiara twoja uzdrowiła cię.*" Jeśli otrzymamy uzdrowienie dzięki mocy Boga, musimy nie tylko oddać chwałę Bogu, przyjąć Jezusa i zbawienie, ale również żyć zgodnie ze słowem Boga.

Naaman miał taki rodzaj wiary i uczynków, dzięki którym mógł zostać uleczony z trądu, w tamtym czasie choroby nieuleczalnej. Miał dobre sumienie, więc wierzył w słowa swojej służącej. Miał taką wiarę, dzięki której udał się w odwiedziny do proroka. Okazał uczynek posłuszeństwa, mimo że nie do końca zgadzał się i rozumiał polecenia Elizeusza.

Naaman, poganin, cierpiał z powodu nieuleczalnej choroby, jednak dzięki swojej chorobie spotkał żyjącego Boga i doświadczył dzieła uzdrowienia. Każdy, kto przychodzi do wszechmocnego Boga i okazuje wiarę i uczynki otrzyma odpowiedź na swoje problemy, bez względu na to, jak trudne mogą się wydawać.

Modlę się w imieniu Jezusa, abyście posiedli cenną wiarę, okazywali wiarę poprzez uczynki, otrzymali odpowiedzi na swoje problemy w życiu i stali się błogosławionymi dziećmi Bożymi, które oddają chwałę Bogu.

Autor:
Dr Jaerock Lee

Dr Jerock Lee urodził się w 1943 roku w Muan, w prowincji Jeonnam, w Republice Korei. Kiedy skończył 20 lat cierpiał z powodu wielu różnych nieuleczalnych chorób przez siedem lat i czekał na śmierć zupełnie pozbawiony nadziei na wyzdrowienia. Pewnego dnia, wiosną 1974 roku, jego siostra przyprowadziła go do kościoła, i kiedy uklęknął, aby się pomodlić, Żywy Bóg natychmiast uzdrowił go ze wszystkich chorób.

Dzięki temu doświadczeniu, Dr Lee poznał prawdziwego żyjącego Boga, pokochał Go całym swoim sercem i w 1978 został powołany na sługę Bożego. Gorliwie modlił się o jasne i pełne zrozumienie woli Bożej, zrealizowanie Jego misji oraz posłuszeństwo wszystkim słowom Boga. W 1982 roku założył Centralny Kościół Manmin w Seulu w Korei, gdzie miały miejsce niezliczone dzieła Boże, łącznie z uzdrowieniami i cudami.

W 1986 roku Dr Lee został ordynowany na pastora podczas dorocznego zjazdu Kościoła Koreańskiego i cztery lata później, w 1990 roku, rozpoczęto emisję jego kazań w Australii, Rosji, na Filipinach i w wielu innych miejscach przez firmę Far East Broadcasting Company, Asia Broadcast Station oraz chrześcijańskie radio Washington Christian Radio System.

Trzy lata później w 1993 roku, Centralny Kościół Manmin został wybrany jako jeden z najbardziej popularnych kościołów na świecie przez amerykański magazyn chrześcijański „*Christian World*", a pastor Lee otrzymał tytuł doktora honorowego Honorary Doctorate of Divinity od chrześcijańskiego college'u na Florydzie w Stanach Zjednoczonych. W 1996 roku otrzymał również tytuł doktora od teologicznego seminarium Kingsway w Iowa, w Stanach Zjednoczonych.

Od 1993 Dr Lee zaczął prowadzić światową misję w Tanzanii, Argentynie, Los Angeles, Baltimore, Hawajach i w Nowym Jorku w Stanach Zjednoczonych, Ugandzie, Japonii, Pakistanie, Kenii, na

Filipinach, w Hondurasie, Indiach, Rosji, Niemczech, Peru, Demokratycznej Republice Kongo, Izraelu i Estonia. Informacja o jego misji w Ugandzie została wyemitowana w CNN, natomiast izraelskie ICC informowało o misji kościoła w Jerozolimie. Na antenie wygłosił komentarz, że Jezus Chrystus jest Mesjaszem. W 2002 roku został nazwany „pastorem światowym" przez największą chrześcijańską gazetę w Korei ze względu na jego prace misyjne na całym świecie.

We czerwiec 2017 Centralny Kościół Manmin miał już ponad 120,000 członków. Na całym świecie jest 11,000 kościołów, włączając w to 56 kościoły w wielkim miastach samej Korei. Na ten moment 102 ośrodki misyjne zostały założone w 23 krajach, takich jak na przykład Stany Zjednoczone, Rosja, Niemcy, Kanadam Japonia, Chiny, Francja, Indie, Kenia i wiele innych.

Dr Lee napisał już 108 książek. Wiele z nich stało się bestsellerami: *Poczuć Życie Wieczne przed Śmiercią, Moje Życie, Moja Wiara I & II, Przesłanie Krzyża, Miara Wiary, Niebo I & II, Piekło,* oraz *Moc Boża*. Jego książki zostały pretłumaczone na ponad 76 języki.

Jego artykuły publikowane są w: *The Hankook Ilbo, The JoongAng Daily, The Dong-A Ilbo, The Chosun Ilbo, The Seoul Shinmun, The Kyunghyang Shinmun, The Korea Economic Daily, The Shisa News,* oraz *The Christian Press*.

Dr Lee jest obecnie przewodniczącym wielu organizacji misyjnych oraz stowarzyszeń takich jak na przykład: Chairman, The United Holiness Church of Jesus Christ; Permanent President, The World Christianity Revival Mission Association; Founder & Board Chairman, Global Christian Network (GCN); Founder & Board Chairman, World Christian Doctors Network (WCDN); and Founder & Board Chairman, Manmin International Seminary (MIS).

Inne książki autora

Niebo I & II

Szczegółowy opis wspaniałego życia, które jest udziałem mieszkańców nieba, cieszących się pięknem królestwa niebieskiego.

Przesłanie Krzyża

Potężne przesłanie pobudzające do myślenia dla ludzi, którzy są w duchowym śnie! W niniejszej książce znajdziesz powód, dla którego tylko Jezus jest Zbawicielem oraz odczujesz prawdziwą miłość Bożą.

Piekło

Przesłanie dla człowieka od Boga, który pragnie wyratować każdą duszę z głębi piekła! W tej książce odkryjesz nigdy wcześniej nie opisywaną okrutną rzeczywistość piekła.

Duch, Dusza i Ciało I & II

Przewodnik, który daje duchowe zrozumienie ducha, duszy i ciała oraz pomaga dowiedzieć się więcej o naszym „ja", abyśmy zyskali dość siły, by pokonać ciemność i stać się ludźmi ducha.

Miara Wiary

Jakie schronienie, korona i nagrody czekają na Ciebie w niebie? Niniejsza książka da Ci możliwość, abyś z mądrością i wskazówkami Bożymi sprawdził swoją wiarę, aby następnie zbudować wiarę lepszą i dojrzalszą.

Wzbudzony Izrael

Dlaczego Bóg trzyma pieczę nad Izraelem od początku świata aż do dnia dzisiejszego? Jakie przeznaczenie jest przygotowane dla Izraela w ostatnich dniach oczekiwania na Mesjasza?

Moje Życie, Moja Wiara I & II

Niezwykły aromat życia duchowego wydobyty dzięki osobie, której życie rozkwitło w otoczeniu nieograniczonej miłości do Boga, pomimo ciążącego jarzma, ciemności i rozpaczy.

Moc Boża

Książka, którą musisz przeczytać, ponieważ dostarcza istotnych wskazówek, dzięki którym można posiąść prawdziwą wiarę oraz doświadczyć niesamowitej mocy Boga.

www.urimbooks.com

www.ingramcontent.com/pod-product-compliance
Lightning Source LLC
LaVergne TN
LVHW041711060526
838201LV00043B/672